每個人都能大賺30%

股價跳水照樣穩定獲利的「價值工程投資法」

奧山月仁——著　張嘉芬——譯

前言

二〇二〇年五月，我在前所未有的緊急事態下，撰寫這本書。新型冠狀病毒的威脅蔓延到了全世界，成了超越國難等級的大災厄，堪稱是全球級、世界級的災難。經濟危機一觸即發，恐怖程度更勝當年的金融海嘯。旅遊相關個股、活動會展類股首當其衝，汽車、不動產、營造等，營收及獲利深受景氣牽動的行業，也面臨了相當嚴峻的考驗。

或許有些人會替我擔心，覺得「你的股票一定也虧了不少錢吧？」所幸，三月雖然受了一波重創，四月幾乎就已經反彈到疫前水準，到了五月更是積極入市，一心想著「該如何把握這個大好機會」（本書書稿在六月中旬撰寫完成，當時的情況，我會在「後記」中詳述）。

包括醫療從業人員、物流和維持社會運作的必要人員等，許多人都冒著生命危險在保家衛國；然而，想必也有許多人突然之間就沒了工作，對未來感到前途茫茫，夜不成眠。衷心期盼疫情能早日平息，讓我們找回原本該有的日常。「這種時候還在投資股票，未免也太悠哉了吧？」或許有人會做出這樣的批評。不過說穿了，我就是只有這個謀生工具。儘管我有點擔心這本書能否讓各位滿意，但還是想寫書談談股票。

我當了好多年的上班族，同時也持續投資股票，鑽研「不是專家也能戰勝股海的方法」。我覺得對多數散戶來說，與其去學專家用的技術分析，不如學會像我這種邊上班還能邊在股市得勝的散戶投資法，應該會更有意義——懷著這樣的念頭，我持續在個人部落格「enafun先生的梨子樹」發表文章。然而，身兼二職終究還是會在時間上受到很多限制，無法靜下心來好好寫書。忙得焦頭爛額的結果，導致最近部落格的更新頻率也開始降低。處於這種狀態下，這一波的緊急事態宣言[1]，對我來說其實是個慢下腳步，仔細匯整個人想法的大好機會。

前一本著作《每個人都能透視飆股：用五大法則掌握飆股的長相，在大漲十倍前搶先進場》（商周出版），是在「讓讀者了解長期投資個股的全貌」這個主旨下寫成。我可以很自豪地說，這本書的確是寫得簡單明瞭，股市新手也能輕鬆讀懂。然而，以「簡明易懂」為優先考量的結果，我總覺得在深度上稍嫌差強人意了一點。尤其是在應用價值工程（Value Engineering，簡稱ＶＥ）所發展的一些投資概念上，僅是簡單地點到為止，未能充分論述它的精深之處。

1 地方政府可要求餐飲業者停業或縮短營業時間，並呼籲民眾避免非必要外出、旅遊或返鄉，約相當於我國的三級警戒。

所謂的「價值工程」，其實是從「如何以更便宜的價格，生產出更精良的產品」的相關研究，延伸發展而來的商業手法。當年我在工作上學到這一套手法之後，直覺認為它也能應用在股市投資上，便自行將它發展成一套系統化的投資術。

在價值工程當中，除了要系統化地分析「價值」的概念之外，更要慎重看待投入的資源——也就是「資訊」這個概念。這兩者可說是在股市投資上最重要的元素，應用範圍也很廣泛。先前我就一直在想：如果日後有機會，希望能把它們做一番系統化的整理，集結成書。

而我覺得現在正是時候，便再次找上向來對我特別關照的《日經Money》副總編輯中野目純一先生，促成了這本書的出版。

世事總是禍福相倚。新冠病毒的確讓人類陷入了空前的危機，但也不至於事事都糟。

小時候，我看過一部名叫《小安娜》的卡通。主角波麗安娜（Pollyanna）從小就接連遭逢不幸，但她並沒有怨天尤人，反而是不斷地尋找「快樂」，教我明白「人要積極樂觀地活下去」的重要。她的模樣帶給我很深的感動，讓我萌生「想變得像她一樣」的念頭。

或許是我逐漸掌握了這份樂觀主義的精髓吧？疫情對我來說其實是利多於弊。當初因為怕長期不外出會導致運動量不足，而開始做的「瘦身重訓」，如今竟讓我深深著迷，還幫助曾多次減肥失敗的我成功瘦身；以往總是抽不出時間相聚的家人，也趁著疫情期間好好談心，讓我總算知道女兒心裡在想些什麼。習慣遠距上班之後，我和部屬之間透過網路會議的形式溝通，頻率比以往出勤上班時更密集，讓我的工作變得更有效率；以往就一直想寫的股市書，也因為疫情而有了動筆的時間。

不論再怎麼漫長的黑夜，黎明總會到來，太陽還會再升起。期盼本書能幫助各位，讓疫情不再是危機，而是要化危機為轉機，打造出富裕豐收的人生。

目次

第二章　VE投資的概念

第四章　ＶＥ投資的五大原則

第五章　ＶＥ投資的成功與失敗——從實務中學會的訣竅與教訓　181

第一章

主要投資法與問題點

一般的價值投資

在說明本書的書名——「價值工程投資法」之前，我想先就「價值投資」來為各位進行說明。簡而言之，所謂的價值投資，就是相較於企業原本該有的內在價值，股價顯得偏低時，就買進該檔股票；等股價來到合理水位，或甚至是高於內在價值時，就獲利了結的一種投資法。

投資股票賺錢的方法，不外乎就是低買高賣。而所謂的價值投資，可說是一套偏重「低買」的投資法。

那麼，我們究竟該如何計算出企業的內在價值，判斷股價是否偏低呢？在此，我想先說明一般常見的做法。

我必須先聲明，這種方法一點也不高竿，所以才會有價值工程投資切入的空間。而價值工程投資其實也只不過是價值投資的一種變化形，因此我們必須先對典型的價值投資做一番了解。

始於PER，終於PER

最常被用來衡量股價妥適與否的工具，就是本益比（PER）這個指標。在股市投資方面已有實戰經驗的讀者，對它應該不陌生。為求保險起見，這裡還是簡單說明一下。所謂的本益比，就是用來呈現「股價是每股盈餘（EPS）幾倍」的指標。

PER＝股價÷每股盈餘（EPS）

以豐田汽車為例，二〇一八年三月期（二〇一七年四月～二〇一八年三月）的EPS是842日圓，而豐田汽車在二〇一九年一月四日的收盤價是6346日圓。

PER＝6346日圓÷842日圓＝7・53倍

這個數字越大，例如三十倍、五十倍時，就表示股價偏高；如果數字越小，例如五倍、八倍時，就表示股價偏低。

此外，就PER的定義而言，它其實也可以說是呈現「總市值相當於本期淨利的幾倍」的指標。在前述的PER算式當中，若將股價和EPS都乘上發行股數，就可計算出總市值和本期淨利，算式計算出來的結果也會是同一個數字。

以往，我曾為毫無投資經驗的股市新手，開過投資股票的讀書會。我本來想趁著這個難得的機會，簡單帶過PER這種上網或翻書就能查到的基本知識，趕快進入如何挑選潛力股的話題，沒想到幾乎所有學員都被這個PER給絆住了。

「不好意思，那個PER的計算方式，我聽不太懂……」

「糟糕！早知道應該出個作業給他們，讓他們事前預習一下PER的定義也好……」這時才想到，早就為時已晚。不過，若要認真講解這個概念，恐怕得花掉十分鐘。於是我撂下了這句話：

「請各位不用擔心。長年來，我看過各式各樣的投資人，從沒看過有人一直搞不懂PER是什麼意思。也就是說，『投資股票的人＝明白PER代表什麼意思的人』。就像會開車的人，大家都知道什麼是『方向盤』一樣，投資股票的，沒人會不知道PER是什麼意思。總之開始投資操作之後，各位就一定會明白，所以請各位不必在意，今天就先聽過就好。」

儘管我當場是這麼說，但其實能不能把PER運用得淋漓盡致，堪稱是價值投資成功與否最重要的關鍵之一。說價值投資是「始於

圖表1-1　本益比（Price Earnings Ratio，PER）

用來呈現股價相當於每股盈餘（EPS）幾倍的指標。

PER＝股價÷每股盈餘（EPS）

以豐田汽車為例，二〇一八年三月期的EPS是842日圓，而豐田汽車在二〇一九年一月四日的收盤價是6346日圓。此時豐田汽車的PER是6346日圓÷842日圓＝7.53倍。

這個數字越大，例如三十倍、五十倍時，就表示股價偏高；如果數字越小，例如五倍、八倍時，就表示股價偏低。

PER，終於PER」也不為過。因此，我在這裡要稍微詳細地說明PER的概念，期盼各位都能對它有一番正確的理解。

話題再回到豐田汽車。二〇一九年一月四日，東證一部所有上市公司的平均PER（單純平均）是一五．四倍；而前述的豐田汽車，PER卻是七．五三倍。日本最具代表性的龍頭企業豐田汽車，PER竟遠低於平均，市場給的評價甚至還只有平均的一半。這件事怎麼想都不合理，它的股價應該更高一點才對，所以這檔股票應該買進——這就是價值投資的基本概念。

如果各位在這一天買進豐田的股票，當年年底以封關價七七一四日圓賣出的話，投報率就是二一．五%，堪稱是一套非常成功的價值投資模式。

圖表1-2　豐田汽車的股價推移

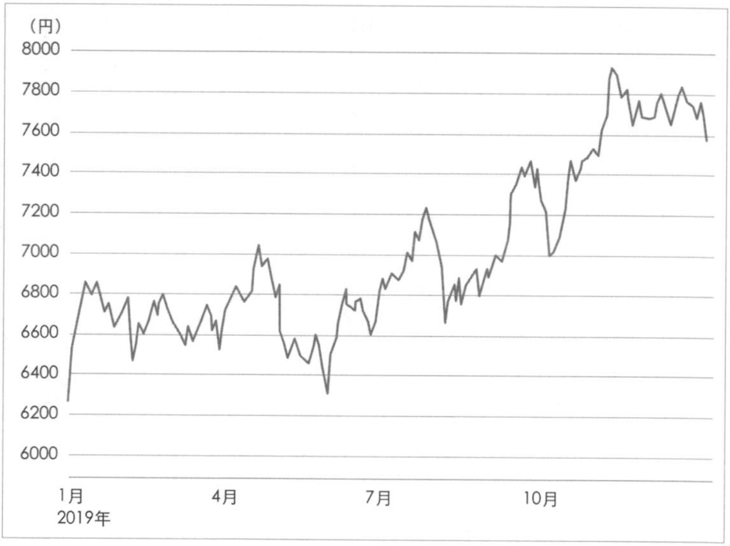

二〇一九年一月四日，東證一部所有上市公司的平均PER（單純平均）是一五・四倍；而豐田汽車的PER卻是七・五三倍。「豐田汽車的PER竟遠低於市場平均，這絕對不合理，它的股價應該更高一點才對」這就是價值投資的基本概念。如果各位在這一天買進豐田的股票，當年年底以封關七七一四日圓賣出的話，投報率就是二一・五%，堪稱是一套非常成功的價值投資模式。

了解PER的種類與特色

既然要正確地了解PER，就必須談一些比較複雜的內容——所謂的PER，其實可以分為兩大類。

一個是用股價除以企業最近一期的每股盈餘實際值（落後EPS），所計算出來的，我們稱之為落後本益比（trailing P/E）；另一個是以企業目前進行中的會計年度（本期）預估可賺到的每股盈餘（預估EPS）來除，計算出所謂的預估本益比（forward P/E）。

比起過去，我們投資人心心念念的，其實是觀察未來，並從中估算出合理的股價。因此，投資人常用來研判目前股價是否偏低的工具，就是預估PER。

預估？究竟該由誰來估？

依負責預估的人員不同，預估ＰＥＲ還可大致分為三種，謹整理如下：

落後本益比：依最近一期結帳的落後ＥＰＳ來計算。

預估本益比：根據目前或未來會計年度可望賺得的預估ＥＰＳ來計算。還可再依預估人員不同，分類如下：

①企業預估ＰＥＲ：根據該企業本期財報的預估ＥＰＳ來計算。

②專家預估ＰＥＲ：根據證券分析師等專家預估的ＥＰＳ來計算。

③個人預估ＰＥＲ：根據各位自己預估的ＥＰＳ來計算。

首先，「①企業預估本益比」是大多數上市公司都會在公佈財報時，或在這前後，公佈企業對本期營收與獲利的預估數字。而「①」就是根據企業預估的EPS，所計算出來的PER。

就讓我們再以豐田汽車為例，來說明這個概念。豐田汽車在二〇一八年五月九日，公佈了二〇一八年三月期的財報。當時預估二〇一九年三月期（自二〇一八年四月至二〇一九年三月）的EPS是七二三・三九日圓。這是對公司經營狀況最瞭若指掌的經營團隊自己預估的數字，可信度相當高，許多投資人也都會根據這些數字進行投資操作。各位在日本的雅虎財經或證券公司網站等平台查股價資訊時，如果只寫「預估本益比」，那麼大多是指根據企業預估的這個EPS，所計算出來的企業預估本益比。

追根究底，若要問企業所預估的這個EPS，準確率究竟高不高？坦白說，其實很難稱得上準確。

而容易失準的原因，至少有以下兩點：一是公司的經營團隊對股東等利害關係人有所顧忌，因此給出了比較保守，或較為強勢的數字，使得預估出現偏頗；另一個原因，則是連經營團隊都很難預估自家公司一年後的業績。

豐田汽車在二〇一八年五月九日發表的預估EPS，半年後又重新調整，上修了將近一〇%，所以到了二〇一九年一月四日時，預估EPS來到了七九三・二一日圓。像豐田汽車經營這麼公開透明的企業，不太可能刻意操弄預估數字，所以應該是單純的預測失準。

剛才我們計算出豐田汽車的落後本益比是七・五三倍。如果我們以這個上修過的EPS為基礎，來計算預估本益比的話，就會是六三四六日圓÷七九三・二一日圓＝八・〇〇倍。儘管當時上修了預估EPS，但豐田汽車仍預估獲利將會縮水，因此預估本益比會比落後本益比七・五三來得更高，也就是股價並沒有被低估太多。

圖表1-3 本益比的分類

落後本益比：

根據企業最近一期的落後EPS所計算出來的數字。

預估本益比：

根據未來會計年度可望賺得的預估EPS來計算。還可再依預估人員不同，分類如下：

①企業預估本益比：根據該企業本期財報的預估EPS來計算。

②專家預估本益比：根據證券分析師等專家預估的EPS來計算。

③個人預估本益比：根據各位自己預估的EPS來計算。

分析師的數字也不能盡信

接下來要探討的，是「②專家預估本益比」。這個數字，是由證券公司和資產管理公司等機構的分析師，在修正企業的顧忌偏誤之後，再即時反映每天變動的外匯和景氣等因素，可說是在更貼近現實的狀況下，所預估出來的本益比。

大多數情況下，專家預估本益比應該會比企業預估本益比來得更精準。不過，這個數字也需要特別留意。原因如下：

站在「專家」這個立場的專業人士，不免還是會有一些偏頗。那些被稱為「分析師」的專家，多半都隸屬於銀行或證券公司等金融集團。因此，他們也必須顧慮集團企業的想法。倘若母公司是券商，正使出渾身解數炒熱股市時，分析師恐怕很難拿出悲觀的研究報告。此外，母公司的大客戶，或母公司自己持有的個股，同樣也是分析師必須顧忌的標的。

還有一點需要特別留意的，那就是分析師的認真程度與分析實力，會左右預估數字的高低。儘管券商的分析師都號稱是專業團隊，但要卯足全力分析日本股市近四千家上市企業，成本畢竟還是太高。況且不少投信業者早已明確祭出「不買總市值太低的個股」等政策，因此特地調查這些企業個股，還公開研究報告的動機，自然就比較薄弱了。

追根究底，這些專家所做的預估，終究還是不能囫圇吞棗地全盤接受。有些企業甚至根本得不到專家的垂青，連被認真品頭論足一番的機會都沒有。

自行預估PER

接著輪到了「③個人預估本益比」出場。各位可以從那些專家看不上眼的，或總是多所忌憚、預估偏頗的小型股、冷門股當中，找出穩健踏實、高成長性的企業，並根據自己的預估，重新預測它今年，甚至是明年、後年的業績，再根據這些個人預估的EPS，算出本益比，如果數字顯然低於平均值，就進場投資——這其實就是價值投資的原貌。

「可是，像我這種投資股票的大外行，真的有辦法算這些東西嗎？」

想必也有讀者會懷抱這樣的擔憂。關於這一點，坦白告訴各位，我的感想是：「難易度算是中等，但它帶來的回饋之大，超乎想像」。有時我們會在廣告或某些場合，看到「人人穩贏的投資法」、

「輕鬆簡單賺大錢的投資術」等宣傳詞。不過，我必須很遺憾地告訴各位：價值投資並不是這一類的投資手法。

可是，請各位靜下心來仔細想一想：真的有可能靠一些人人都可簡單炮製的方法，就輕鬆賺大錢嗎？這樣合理嗎？假如真有那種投資法，那麼日本恐怕滿街都是大富豪了——然而實際上並沒有。各位千萬別被那些「簡單」、「人人都會」之類的說詞矇騙。投資股票的確有點難度，並不是人人都能在股市裡賺大錢。期盼各位要先體認這樣的前提，再和我繼續看下去。

主要投資法與難易度

我將主要投資方法匯整如圖表1-4。這裡要和各位抱歉的是，這張圖是依我個人的感受繪製而成。要了解價值投資，最好先了解投資方法的整體樣貌。謹在此為各位簡單說明。

首先，我要先向各位聲明，很多優秀的投資人，都不只是操作動能投資法（Momentum Investing）或成長投資法(Growth Investing）等單一方法。大家都巧妙地在風險與回收之間取得平衡。例如有些人是將一半資產投入成長投資法，剩下的拿來做指數投資等，而我個人正好也擅長搭配使用成長投資法與價值投資法。至於這次要介紹的價值工程投資，則是以價值投資為主軸，結合成長投資的概念，並在控制風險的同時，追求獲利回收的極大化。

動能投資法：缺乏實力者會被當作俎上肉

動能投資是分析特定個股的價格變動與動能（momentum），發現當買氣旺盛，股價上漲時，就順著這個趨勢買進；買氣低落時，就盡快賣出持股，以累積獲利的一種投資型態。許多緊盯著電腦螢幕，股價或成交量一有風吹草動就飛快做出反應的短線炒手，都可稱為動能投資人。其實這種投資型態（或者說是投機型態會更貼切）的道理非常簡單，所以許多投資新手都天真地將它當做初入股市的目標。

盯著螢幕看股價，好像會漲就趕緊進場買股，似乎會跌就出清持股……就只是不斷地重複這樣的過程而已。有時賺，有時賠，所以投資人也不覺得無聊。如果還操作信用交易，向證券公司融資來擴大自己的交易規模（操作槓桿），那麼買股之後的獲利也會變得更可觀，各位腦中應該就會充滿了多巴胺和腎上腺素。高明的股市炒手，因為擁有豐富的經驗，累積了許多諸如「重複出現這樣的型態就會漲」、

「出現這樣的型態就會跌」之類的經驗法則，能運用這些五花八門的知識秘訣，不斷地成功獲利。

股市新手當然沒有那樣的經驗法則或知識秘訣，因此大多數人都只是日復一日地在股海中打發時間和消耗資金。**這種投資方法就像打麻將或玩卡牌遊戲一樣，有實力的人方能連戰皆捷，而沒實力的人，便淪為其他人的俎上肉。**

一般而言，這種宛如賭博的投資，都適用八十／二十法則——前二〇％的人，把後面八〇％的人當作俎上肉宰割，好讓自己存活下來。而這二〇％的人當中，還包括了精通全球投資專業和心理學的人工智慧（ＡＩ）。就算我們真的靠著不斷的努力，硬是擠進了前二〇％，今後要繼續保持目前的地位，恐怕只會越來越困難。在可預見的將來，人工智慧的資訊蒐集能力和交易速度，只會變得更強大。因此，我把動能投資法的難度排在最高級。

圖表1-4　主要投資方法的獲利與風險

難易度	投資方法	獲利	風險
高級	動能投資法	5	5
	成長投資法	4	3
中級	價值工程投資法	4	2
	價值投資法	3	2
初級	指數投資法	2	2
	定期存款、國債	1	1
詐欺級	人人都能賺大錢的投資術	-	大

這裡將獲利與風險分為五個等級，「5」是最高。

運用動能投資法，能讓有實力的人連戰皆捷，而沒實力的人，便淪為其他人的俎上肉。

在成長投資法當中，投資人需要相當純熟的投資技術，才能找出貨真價實的成長股。

至於價值投資法，則是需要處理包括價值陷阱（value trap）在內的三個課題。

而指數投資則適合能滿足於「平均」水準的投資人。

不過，有時輸贏也要靠一點運氣。有些走運獲利的投機客，擺出一付有錢大爺的模樣，實在令人不敢恭維。想必各位應該也聽過一些炒虛擬貨幣或熱門股而致富者的故事，聽起來的確讓人很有夢想。不過，請各位別忘了這句賭界格言：「如果你環顧四周，沒發現誰是待宰肥羊的話，那麼究竟誰是肥羊，答案已經呼之欲出了（就是你自己）。」我以前也用這種投資法賺了一些錢，不過十多年前就金盆洗手了——因為我覺得已經來到了極限。

成長投資法：夠熟練才能找出「真飆股」

所謂的成長投資法，英文是Growth Investing。一言以蔽之，就是押寶企業長期業績會成長，認為「假如五年後公司獲利翻漲五倍，股價應該也會漲五倍」的一種投資法。我在前面說過價值投資是「相較於企業該有的內在價值，股價顯得偏低時就買進」的投資法，而成長投資法想追求的，則是「內在價值」上漲。

報章雜誌或網路上，常會介紹一些因為投資股票獲利，而賺進好幾億身家的成功人士。這些人如果是炒短線的投機客，多半是採動能投資法；如果是長期投資，則大多是用成長投資法。實際上，企業一旦開始成長，業績就會翻揚好幾倍，甚至是好幾十倍。只要懂得仔細評估企業的商業模式和未來發展性，抱緊貨真價實的成長股，接著就能高枕無憂，股票自然就會把各位推上億萬富翁的寶座。

問題是這麼多投資標的，究竟要怎麼從中找出貨真價實的成長股？成長投資法最困難的地方，就在這裡——因為它需要相當純熟的操作技術。

不過，對於已經通曉商業模式與會計知識，蒐集全球許多財經資訊的上班族而言，成長投資法還是蠻值得鑽研的投資之道。只要熟記運用要訣，持續精進，就能逐漸穩定獲利。

我個人自從金盆洗手，不再碰動能投資法之後，就靠著這一套成長投資法，搭配價值投資法，一路累積財富迄今。而價值工程投資法，其實也兼具一些成長投資的色彩。

當然，這個領域今後也會面臨人工智慧崛起的問題。不過，成長投資法對「速度」並沒有那麼高的要求。它需要的，是對未來的想像力。而目前人類的這份想像力，尚且能與人工智慧匹敵；如果不太需要求快，我們還有機會和人工智慧一起在股海獲利。

價值投資法：陷入「股價偏低卻不漲」的價值陷阱

前面已向各位介紹過價值投資法的概要。精通價值投資法的投資人，應可在風險可控的狀態下，確保穩定的投資收益。若可實現「在股價低於內在價值時買進」的理想情況，就能大幅降低投資風險——畢竟跌到谷底的股票，已經沒有再跌的空間，再來就只有反彈上漲而已。

不過，價值投資法在操作上，有三個課題：①該如何避免陷入「逢低買進固然很好，但股價卻一直漲不動」的價值陷阱（value trap）？②「乍看之下覺得股價便宜就買進，結果仔細一查才知道，這檔股票問題很大。買進的價位根本一點都不低，甚至還高得很離譜」之類的貪小失大，該如何避免？③說穿了，到底該怎麼認清企業的內在價值？

優秀的價值投資人，懂得如何巧妙地處理這三個課題，以賺取穩定的收益。不過，這些投資操作，就和投資成長股一樣，都需要相當純熟的技術。而在到達爐火純青的地步之前，很多散戶投資人就已經先投降了。

輪到價值工程投資法上場

於是就該輪到價值工程投資法上場了。利用動能投資所導致的股價扭曲，結合成長投資的高獲利，並實現價值投資穩定的低風險狀態，且不提高投資操作難度，甚至還會加深對股市投資的了解——我希望能讓各位認識一套可達到這種效果的工具。相關的實踐方法，我會在第二章起詳細解說。

指數投資法：為願意滿足於「平均」水準的投資人所打造的基金

所謂的指數投資法，簡而言之就是每檔個股都投資一點，以確保穩定賺取所有個股平均獲利的一種投資法。投資人大可不必擔心「我沒那麼多錢」，只要買進套裝商品（基金）即可。證券業者已設計出與日經平均股價指數或東證股價指數（TOPIX）等股價指數（index）連動漲跌的基金或指數股票型基金（ETF），向網路券商等業者下單，一口一〇〇日圓起就能買到。各位不需要任何特別的知識，只要像存錢一樣持續投資，就能穩定賺得平均水準的獲利，堪稱是最適合新手的入門投資法。

這種投資方法唯一的課題，就是只能得到很平均的結果。當指數下跌時，投資人的獲利也會跟著轉負；就算指數上漲，投資人也賺不到驚天動地的鉅額獲利。

圖表1-5　何謂價值工程投資法？

為了利用動能投資所導致的股價扭曲，結合成長投資的高獲利，並實現價值投資穩定的低風險狀態，且不提高投資操作難度，甚至還會加深對股市投資的了解。

「無所謂，當不成億萬富翁也無妨。我只希望錢能比現況再都增加一點就好」懷抱這種想法的投資人，沒有必要讀這本書。建議您改買其他介紹指數型投資的書，並且趕快拿錢去投資那些商品。

像考駕照那樣用功一下，再拿閒置資金來投資

不過，假如各位覺得自己無法滿足於平均水準的獲利，那就請各位再稍微往後讀下去。

誠如各位所知，這個社會就是貧富不均的社會。在優渥家庭長大的孩子，從小就讀私立小學，接受良好的教育，擠進知名大學的窄門，再經出國留學深造後，當上醫生，或在一流外商公司找到工作，還能繼續把優渥的家境傳承給下一代。

而大多數的家庭都無法在孩子身上花那麼多錢。優秀學生上的補習班或私立學校，學費都很貴，家長即使想把孩子送進去，也沒有那樣的財力，最後只能讓孩子讀公立學校，但實際入學之後，家長就會深刻感受到公、私立學校的差別。

真正優秀的學生，固然能憑著聰明才智和努力，掌握每個力爭上游的機會。不過，這樣的學生只佔極少數，多數都在玩手機、手遊，不肯用功讀書。於是他們和優秀學生的差距越拉越大，想進醫學系或知名學府，更是癡人說夢。畢業後即使找得到工作，薪水也不會太高，一不小心可能還淪為約聘員工或計時人員，過著只圖今天溫飽、不敢想像明天的生活。最後為了想擺脫這樣的生活，只能去買樂透搏好運。

斬斷惡性循環的機會，竟然只能看孩子願不願意主動發奮向學和買樂透，選項未免太少，希望也太渺茫。如果要在現在這樣的時局之下，找尋其他脫貧入富的選項，我認為投資股票是最有力的選項——畢竟股票人人可買，況且相較於其他成功致富的方法，買股票的難度簡單許多。比起職業運動選手、藝人明星，或是其他創業成功者所付出的努力、犧牲與風險，在股市追求成功獲利，可說是非常實際的選擇。

這樣說或許很主觀，但我認為：投資股票想成功獲利，必須經過一番系統性的學習與實作，就像考汽車駕照一樣。此外，若在考上駕照後，平常都不開車，久而久之就會連方向盤都不知道該怎麼握。投資股票也是一樣，需要持續花時間鑽研。

既然是投資，就需要有本金，但也沒有必要把所有身家都砸進股市。大部分資金就一如既往，拿來儲蓄和買保險，但挪出其中的一至兩成資金，當作是為了致富所做的策略性理財，投入股市。

如果閒置資金有三百萬日圓，請先試著找您的太太或先生談判，說「大部分都一如既往，交給你打理。不過，我想負責操作二〇%的資金，努力當個有錢人！」如果連這一點都做不到，各位又怎能戰勝股海？當年我也是從這件事開始做起，後來經過不斷地用心努力，才逐漸掌握致勝心法，而有今天的成績。

我認為這應該是很值得一試的挑戰。您意下如何？

第二章

VE投資的概念

〔何謂價值工程？〕

這是一個發生在十多年前的故事。我當時被借調到子公司的企劃部門，並肩負了一項任務——當時那個單位正在發展一項前景相當看好，但現階段很難獲利的事業。而我奉命前往帶領這個團隊，就是要我做出一些成績來。起初我不明究理，和部屬一起找了該領域的專家，從各種角度進行驗證，但再怎麼算，用一般的做法就是不敷成本。

我心想「難道沒有其他可以根本降低成本的方法嗎？」於是便認真鑽研經營管理，才知道管理學當中，原來還有「價值工程」（以下簡稱VE）這麼有意思的領域。

系統性地分析功能與成本的關係

ＶＥ的歷史非常悠久。它的起源，可上溯至一九四〇年代中期。當時，ＶＥ的創始人麥爾斯（L.D. MILES）獲提拔為美國奇異（ＧＥ）公司的主管，負責研究「如何用更便宜的方法，打造出更優質的產品」，日後成了ＶＥ研究的濫觴。麥爾斯和他的團隊構思出了一套分析手法，用來系統性地分析功能與成本之間的關係，後來還運用在商業實務上，是一門成就相當卓著的學問。而這一套精闢的概念，日後也為全面採用它的奇異公司帶來了相當可觀的成果。不僅如此，ＶＥ的概念後來還普及到福特汽車等美國的優良企業，以及美國國防部、聯邦政府採購部門等，傳遍全國，甚至推廣到了包括日本在內的全球各國。

如果各位和當時的我一樣，處於需要系統性評估如何降低成本的立場，那麼我強烈建議各位學習ＶＥ。附帶一提，當年我負責推動的那項新事業。後來很幸運地碰上了外部大環境的變化加持，發展得很成功，如今已成為母公司的盈利單位，穩定地貢獻獲利。我的上班族生涯，也因此而增添了一枚閃亮的勳章。

與投資股票的共通點

當年我在學習ＶＥ的過程中，發現它和投資股票有很多共通。ＶＥ透過系統性地定義功能和成本之間的關係，提出開創價值（value）的方向。我靈機一動，心想「既然同樣都是用了『價值』這個詞，應該可以應用在價值投資上吧？」

在ＶＥ的概念當中，特別重視「資訊蒐集」。失焦的資訊蒐集，會讓人找不到價值何在——這個思維也可以直接套用在股市投資上。

因此，在本章當中，我們要聚焦探討的，不是ＶＥ式的思維概念，而是要用系統性的方式，呈現價值發生的型態，同時也要說明在投資股票時，該「如何取得有效資訊」的原理原則。

〔價值發生的型態〕

在ＶＥ當中，把顧客購買產品時所感受到的滿意度視為價值，並且用一個很簡單明瞭的方程式，為「價值」做出了定義。

Ｖ（價值：value）＝Ｆ（功能：function）÷Ｃ（成本：cost）

說穿了，我們其實不是特別想要某些東西，而是想要透過這些東西來獲得滿足。那「滿足」又是什麼呢？ＶＥ把「功能」放在滿足的中心位置。不過，要是產品價格太貴，那麼就算功能再好，產品的滿意度還是會下降。所以這裡做出的結論，是功能必須與「成本」做比較，以提升顧客的滿意度——也就是所謂的價值。

圖表2-1 價值工程的方程式

在VE當中，把顧客購買產品時所感受到的滿意度視為價值，並且用一個很簡單明瞭的方程式，為「價值」做出了定義。

V（價值：value）
＝F（功能：function）÷C（成本：cost）

我們其實不是特別想要某些東西，而是想要透過這些東西來獲得滿足。不過，要是產品價格太貴，那麼就算功能再好，產品的滿意度還是會下降。

價值上升的型態

接下來，我們要用以下四種型態，來說明提高價值的方法。

①以更便宜的價格，供應具備相同功能的產品。
②以更低的成本，供應功能更強大的產品。
③以相同的成本，供應功能更強大的產品。
④以稍高的成本，供應功能更強大的產品。

其實近年來，在經營管理的領域當中，普遍開始認為還有一種可有效贏得顧客滿意度的方法，那就是「⑤將功能降到最低標準，但透過輕巧化等設計，讓產品更方便好用，同時大幅降低價格，以提升顧客滿意度」的策略，也就是所謂的「破壞式創新」——這是曾任美國哈佛大學商學院教授的克雷頓・克里斯汀生（Clayton

圖表2-2　價值發生的型態

	①	②	③	④	⑤
F（功能）	→	↑	↑	↑↑	↓
C（成本）	↓	↓	→	↑	↓↓

①以更便宜的價格，取得具備相同功能的產品。
②以更低的成本，取得功能更強大的產品。
③以相同的成本，取得功能更強大的產品。
④以稍高的成本，取得功能更強大的產品。
⑤以極低的成本，取得功能較差，但方便好用的產品。

M. Christensen），在他的著作《創新的兩難》（*The Innovator's Dilemma*）當中所提出的概念。

以往，這些因為執行破壞式創新而大獲成功的企業，曾多次讓我的股票成了大飆股。例如像是從輕薄數位相機轉型到智慧型手機照相機，成功上演破壞式創新大戲的索尼（SONY）；或是引進全自動油炸機，完美重現專家手藝，並以便宜價格供應炸豬排的愛客樂（Arcland Service[2]）；還有落實數據資料管理，在二手商品銷售業界掀起革命的寶藏工廠（Treasure Factory）等。

2 炸豬排連鎖店「吉豚屋」的母公司。

〔VE投資的方程式〕

還記得我第一次看到VE方程式和圖表時，當下立刻強烈地感受到一股靈光乍現，覺得「這個概念可以直接套用在股市投資上！」當時我每天都想著股票的事，所以不管看到什麼，都會馬上聯想到股票。

首先，我把「功能」代換成「企業的內在價值」，再把「成本」改為「股價」，應該就可以拿來判斷投資股票的價值——也就是所謂的投資價值。股市投資人會因為股價上漲而獲得滿足，若把「上漲機率」定義為「價值」，那麼以下這個方程式就能成立。

V（上漲機率）＝I（內在價值）÷P（股價）－1（投資成本）

※內在價值的「I」取自Intrinsic Value，股價的「P」則取自Stock Price的P。

圖表2-3　VE投資的方程式

把價值工程方程式當中的「功能」代換成「企業的內在價值」，再把「成本」改為「股價」，應該就可以拿來判斷投資股票的價值——也就是所謂的投資價值。股市投資人會因為股價上漲而獲得滿足，若把「上漲機率」定義為「價值」，那麼以下這個方程式就能成立。

V（上漲機率）
＝I（內在價值）÷P（股價）－1（投資成本）

※內在價值的「I」取自Intrinsic Value，股價的「P」則取自Stock Price的P。

假設某企業股票每一股的內在價值是1500日圓，而股價是1000日圓，那麼

V = 1500日圓 ÷ 1000日圓 − 1 = 0.5

換言之，我們可以說這檔股票上漲的機率是50%。

假設某企業股票每一股的內在價值是一千五百日圓，而股價是一千日圓，那麼V＝1500日圓÷1000日圓－1＝0・5。換言之，我們可以說這檔股票上漲的機率是五〇％。

如果每一股的內在價值只有一千日圓，而股價卻已來到兩千日圓，那麼V＝1000日圓÷2000日圓－1＝－0・5。換言之，我們研判這檔股票下跌的機率是五〇％。

此外，由於股價有連續性，所以價值發生型態的圖表，也可以直接應用到股票投資上。股票投資當中的價值發生型態如下：

❶內在價值不變，但股價下跌。
❷內在價值上升，但股價下跌。
❸內在價值上升，但股價不漲。
❹內在價值大幅上升，但股價的漲幅卻沒跟上。
❺內在價值下跌，但股價跌幅更深。

圖表2-4　VE投資一覽表

	❶	❷	❸	❹	❺
I（內在價值）	→	↑	↑	↑↑	↓
P（股價）	↓	↓	→	↑	↓↓

❶內在價值不變，但股價下跌。

❷內在價值上升，但股價下跌。

❸內在價值上升，但股價不漲。

❹內在價值大幅上升，但股價的漲幅卻沒跟上。

❺內在價值下跌，但股價跌幅更深。

何謂內在價值？

讀到這裡，想必各位心中都會有這樣的疑問：「這些道理我都聽懂了，但這裡所謂的『內在價值』，究竟該怎麼算？」

因此，首先我要先說明最一般的概念，也就是用所有上市公司的平均評價，來當作內在價值的思維。在第一章當中，我曾以豐田汽車為例，說明過價值投資的概念，其實那時的想法，就和這裡一樣——也就是「大家都認為合宜的價值，即為內在價值」的觀念。

「把眾人所給的平均評價當作內在價值」這件事，其實還頗有說服力。全球暢銷鉅作《人類大歷史》（*Sapiens: A Brief History of Humankind*，哈拉瑞著）當中提到：「主宰人類生活的『秩序』，其實只是一種想像。只不過，光是一個人想像，秩序是無法成立的。要『眾人』共同懷抱同一個想像，且深信不疑時，它才能成為一個內化的存在，於是秩序就此形成。」

那麼，股票的內在價值，也可以套用同樣的概念嗎？只要能把存在眾人心中共同的想像——「這個價位合理」，用「秩序」，也就是「內在價值」來取代，那麼所有上市公司的平均評價，就堪稱是一個極具說服力的內在價值了。

「可是如果照你這一套說法來看，豐田汽車等個股，也是因為有眾人的共同主觀，所以現在的股價才會成立，也才形成了現在的秩序。所以股價應該是和內在價值連動，而VE投資根本就是在畫餅充飢吧？」

如果各位心中立刻萌生了這樣的疑問，那就表示各位很有投資概念。這個想法也沒有錯。換言之，照常理來說，應該會是像以下這樣的狀況：

- 內在價值上升，股價也隨之上漲。
- 內在價值不變，股價也不動。

- 內在價值萎縮，股價下跌。

「股價通常都是在反映企業的內在價值」這是非常正確的觀念。

我在第一章所介紹的指數投資人，就是以這個概念為前提，來進行投資操作。

VE投資的三大關鍵字

不過，其實只要例外條件齊備，如①～⑤所描述價值發生型態，還是有可能存在。我自己就一直在用VE投資法，找出這些例外現象，並因此而多次成功豐收獲利。

箇中的關鍵究竟是什麼？提示同樣出現在剛才所介紹的那本《人類大歷史》裡——也就是「眾人」、「秩序」和「想像」這三大關鍵字。

「眾人」

要從像豐田這種廣受「眾人」評價的大企業找出價值，的確不是一件容易的事。畢竟這連投資專家都很難做得到，更何況是像各位這樣的外行人，簡直就是天方夜譚。不過，如果是年營收四〇億日圓的岐阜造園[3]（Gifu landscape architect）呢？這檔個股，就連分析師都不會認真研究。成交量顯然偏低，要買要賣都不容易成交，散戶也幾乎都不會來下單。說穿了，投資人一看到「園藝造景業」，就連查一下都提不起興趣。這樣的超級小型股，還會有內在價值的評價可言嗎？換言之，它連供人評價的基礎都還沒有打好。

3 名古屋證券交易所第二部上市公司，股票代號1438，是全日本唯一一家上市的園藝造景業者。而豐田汽車則是在東京證券交易所第一部、名古屋證券交易所第一部都有上市，海外則是在倫敦和紐約證交所掛牌，集團合併營收近三〇兆日圓。

「秩序」

「秩序」這個關鍵字也很重要。投資人若能隨時保持冷靜的判斷力，個股的內在價值和股價應該會一致才對。然而，現實並非如此。尤其是在爆發像新冠病毒疫情這樣的緊急事件之後，日經平均股價指數連日暴跌超過千點之際，投資人之間是否還有「秩序」可言？答案是否定的。大眾在陷入恐慌時，秩序將全面瓦解，價值就此產生。這時我們便可滿心歡喜地進場，「你丟我撿」一番。

「想像」

「想像」其實也是有極限的。舉例來說，當一項與以往截然不同的全新事物誕生之際，有時企業就會一夕成長，甚至到達超乎大眾想像的地步。各位當年第一眼看到亞馬遜（Amazon）的時候，是否覺得它「就只不過是個普通的書店」？第一次用谷歌（Google）搜尋的時候，是否曾懷疑「這和雅虎有什麼不一樣？」

每一個新的變化，都是一個機會。光用一般大眾那種平均水準的想像力，還無從察覺這些企業隱而不顯的卓越之處。多訓練敏感度，培養商業分析的能力，學會優於平均的洞察力，想必就能成為優秀的投資人，在股海中連戰皆捷。

「像我這樣的外行人，怎麼可能擁有優於平均的想像力？絕對不可能的啦！」或許有些讀者會這樣想。不過，所幸社會上願意搶先運用新變化的，很多時候往往是那些充滿冒險精神的小公司老闆。這樣的舉動看起來風險很高，況且也不會反映在那些堪稱「秩序」的眾人，所給出來的評價上。越是潛藏著強大成長力道的企業，股價總是偏低得出奇——這種奇妙的現象，就是有可能發生。只要別搞錯步驟，要找出這些小型股，應該是出奇地容易才對。

換言之，我們找尋投資候選標的的三項策略，就是「小型股要進場撿便宜」、「市場恐慌時要進場撿便宜」、「要培養出高於平均水準的想像力」。

不過，就算找出了候選標的，要實際進場買賣，難度還是很高。因為就算找到了一檔這麼出色的個股，我們也會裹足不前，猜想「它真的是致富飆股嗎？」既沒信心，也不敢確定。於是就在恐懼與不安中躊躇之際，轉眼間股價就漲上去了；或是在市場恐慌時，明明就找到了獲利相當可期的超級潛力股，卻因為自己也在恐慌行情下嚴重虧損失血，已無力再進場買股……想必很多散戶，都會回想起這種悲慘的經驗。

因此，我希望不只是談理論，還要詳細地說明實用的ＶＥ投資手法。不過，在進入投資手法的說明之前，希望各位能對內在價值有更深入的了解。

圖表2-5　VE投資的三個關鍵字

「眾人」

要從像豐田這種廣受「眾人」評價的大企業找出價值，的確不是一件容易的事。不過，那些就連分析師都不會認真研究的小型股，由於它們連供人評價的基礎都還沒有打好，所以在「內在價值的評價」和「實際股價」之間，就會出現背離。

「秩序」

大眾在陷入恐慌時，秩序將全面瓦解，價值就此產生。這時我們便可滿心歡喜地進場，「你丟我撿」一番。

「想像」

社會上願意搶先運用新變化的，很多時候往往是那些充滿冒險精神的小公司老闆。這樣的舉動看起來風險很高，況且也不會反映在那些堪稱「秩序」的眾人，所給出來的評價上。越是潛藏著強大成長力道的企業，股價總是偏低得出奇——這種奇妙的現象，就是有可能發生。只要別搞錯步驟，要找出這些小型股，應該是出奇地容易才對。

內在價值的估算方法

在估算內在價值時，首先我們要把長期以來眾人認為合理的整體平均值，當作是「絕對的基礎根據」——一切都要從這裡開始。所謂的「整體平均值」，究竟是什麼數字的平均？

這時就該輪到PER上場了。我在第一章說過，在傳統的價值投資當中，充分運用PER是很重要的關鍵，而把這一點發揮得更深入、更極致，可說是VE投資的精髓。

PER是用來判斷股價合理性——即是否偏低或偏高的量尺。直接拿個股股價來比較，根本看不出當中有什麼玄機。只要祭出PER，就能在同一個基準下比較所有個股，平均值也才會有意義。

上市公司平均PER守住的底線

圖表2－6呈現的是自二〇一一年起，東證一部[4]上市公司的平均PER。從圖中可以看出，即使是在評價最低的時期，PER大致也還是守住了十五倍的底線。考量到近十年來，基本面分析的概念總算在日本股市紮根，沒有再發生過極度泡沫和瓦解的情況，因此這個「PER十五倍」，可說是相當接近內在價值的數字。

「可是，我看這張圖上有很多遠超過十五倍的地方，一口斷定說是十五倍，恐怕不太對吧？」或許有很多讀者會這樣想。在此，我想請各位再看圖表2－7，也就是東證股價指數（TOPIX）[5]在同一時期的股價走勢圖。

4「東京證券交易所第一部市場」的簡稱，個股企業規模較大，需先於第二部掛牌，符合一定條件後，才能轉為第一部上市。
5 Tokyo stock price index，涵蓋東證一部所有上市個股的指數，是投資日本股市的重要指標。

兩相比較之下，就可以發現：股價大幅翻揚時，ＰＥＲ也一度跟著上升；但當股價回跌時，ＰＥＲ也會拉回到約十五倍左右。這代表什麼涵義呢？

這張ＰＥＲ的走勢圖，呈現的是以最近一期結帳ＥＰＳ為基礎，所計算出來的「落後本益比」變化。我們在分析ＰＥＲ時，會碰到的現實問題是：要客觀分析ＰＥＲ，當然要用確定值，也就是「落後本益比」來分析才合理。然而實際上，股價卻都是在反映市場對未來的預期，所以是隨著主觀預測而變動，並非客觀的事實。而這些實際值和預測的落差，就會反映在ＰＥＲ走勢圖上。

仔細觀察ＴＯＰＩＸ走勢圖，就會發現近十年來，股價已經漲了兩倍以上，但落後ＰＥＲ還是在十五倍附近徘徊，表示ＥＰＳ已經放大兩倍以上。當企業業績展望大幅改善時，落後ＰＥＲ就會往上攀升；反之，當展望悲觀時，ＰＥＲ就會回落到十五倍上下。就在這樣

圖表2-6　東證一部平均PER

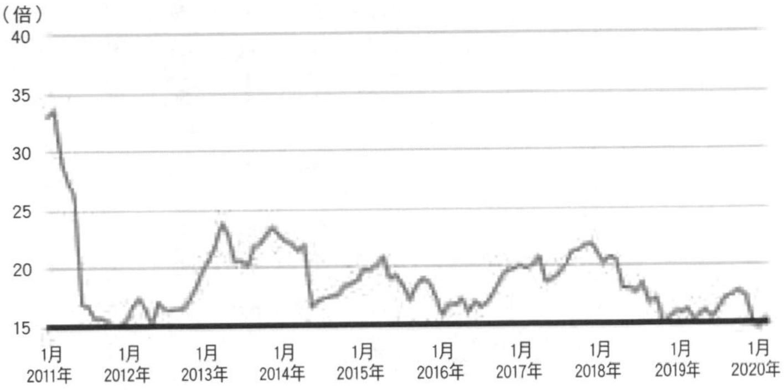

圖表2-7　TOPIX

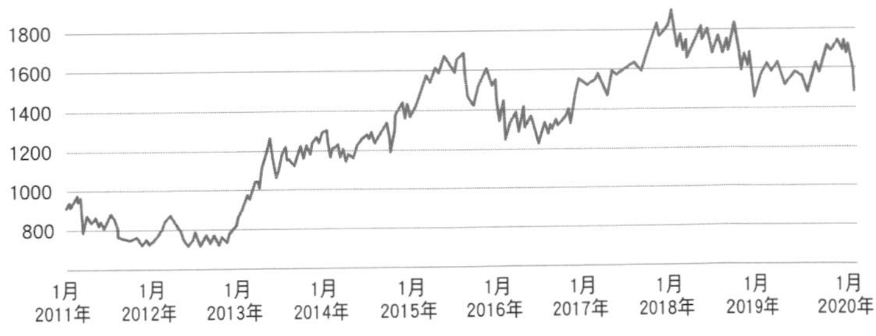

的上下反覆之中，平均股價翻揚了兩倍以上。

換言之，只要修正這些預測和實際值之間的落差，那麼研判「ＰＥＲ十五倍是合理水準」，我認為應該沒有太大問題。

當然，最重要的還是各位自己預估的ＰＥＲ——畢竟各位才是為個人投資做決策的投資負責人，因此各位可自由決定無妨。就算稍微保守一點，以十三、十四倍作為絕對的基礎根據也無妨。

說得更精準一點，其實這個評價標準還會隨著利率波動。在低利率時代下，市場容許ＰＥＲ稍微偏高；一旦轉為高利率，市場就會希望看到偏低的ＰＥＲ。恰巧過去十年來，日本的利率幾乎都很穩定地在〇％附近徘徊，因此毋需對此多做修正。不過，「ＰＥＲ十五倍」這個基準，其實還是必須依利率水準的變動狀況重新評估。

容許「模糊地帶」

「既然你說是『絕對的基礎根據』，又怎能做出這麼模糊的定義？」想必各位理組的讀者，一定很難接受這樣的模糊地帶。

不過，我個人投資股票已逾三十年，我敢大膽地說：各位那種嚴謹要求唯一正確答案的態度，其實犯了很根本的錯誤。股市畢竟是由眾人所想像出來的世界，判斷時多保留一點彈性空間，才是務實的正確做法。

倘若各位是炒短線的投機客，要在一天當中搶賺不到一%的小幅利差，那麼PER十三倍和十五倍，的確是有相當大的差距；如果是採長期投資路線，要以三到五年為單位，賺翻漲數倍的股價，那麼PER是十三或十五倍，其實並沒有太大的差異。換言之，如果要用這一套投資方法，就要追求一〇〇、二〇〇%的高投報率，而不是只求一、二〇%的獲利，以免獲利表現被誤差掩蓋。

許多炒短線的投機客根本不在意企業的內在價值多寡，也是出於這個原因——他們爭的，就是在誤差範圍內的輸贏。

仔細想想，其實社會上所謂的秩序，幾乎都容許有模糊地帶存在。舉凡法律、政治、教育和體育等，這些看似有客觀秩序的領域，嚴格說來，也都有著相當程度的中間地帶。

以超速為例，假設各位開車行駛在速限四十公里，視野良好的直線道路上，卻不經意地發現草叢裡有警察躲著準備抓超速。你急忙看了一下儀表板，確認當下的時速是四十六公里。雖然瞬間嚇出了一身冷汗，但所幸警察睜一隻眼閉一隻眼，讓你平安通過。明明車速已經超過速限十五%，但警察還是把它當作誤差範圍、容許範圍，放了你一馬。

倘若各位的車速開到五十公里，那又會是什麼光景呢？要不是勉強過關，就是看警察心情好壞，倒楣的話就會被開一張超速罰單吧？坦白說，會在這種視線良好的直線道路上，設下四十公里的速限規定，設置標準本身也有很多模糊空間，而取締標準更是有相當大的彈性。所謂的「秩序」，標準其實就像這樣，充滿了模糊的空間。

「超速這種微罪或許是如此，但像殺人這種重大刑案呢？」面對這樣的質疑，其實還是有模糊地帶可言。

假設你為了參加家長參觀日活動，而來到了女兒所就讀的小學。偏偏這一天，有個對社會不滿的毒犯手持來福槍，大吼大叫地衝進了小學裡。你急忙找東西當掩護躲了起來，但犯人已進逼到眼前，附近一片混亂。

這時，你突然想起來到學校之前，先繞去家庭五金賣場，買了太太交待的平底鍋。若能好好發揮年輕時打網球培養的揮拍實力，說不定……這個念頭閃過腦海，你開始評估成功機率。敵人還沒有發現你的存在，你已完全掌握敵人的動向。用來狙擊遠處的敵人時，來福槍確實比較有用；但只要抓準時機，說不定平底鍋比較佔上風。敵人吸了毒，現在連話都說不清楚；而你意識清楚。仔細瞧瞧，對方只不過是個弱不禁風的廢物。嗯，有機會贏！！

你下定決心衝了出去，使盡全力往那傢伙的臉上大棒一揮！太好了！正中紅心～！犯人遠遠彈飛到後面。可是，他撞到牆的後座力，重傷了他的後腦勺，結果竟然就這樣死了。

這下子，你會被以殺人罪起訴嗎？

想必結果應該會是相反的。網路新聞上會出現「麵包超人沒來，還好有平底鍋超人大顯身手！」之類的標題，吸引來自世界各地的讀者，為你按下數不盡的「讚」。

不過，假如你被這份榮耀沖昏了頭，隔天也同樣帶著平底鍋上街巡邏，還對偶然撞見的偷竊少女使出同一招……這個舉動，還會贏得社會上的褒揚嗎？

究竟從哪裡開始會贏得肯定？做到什麼地步會變成犯罪？兩者之間的界線到底在哪裡？這個問題若要做嚴謹的討論，恐怕很快就會進入連哲學家都大傷腦筋的境界。結果，就連法治國家的根基——刑法，都有很大的模糊地帶，只能就個案再個別考慮。

〔整理資訊，以便為個股做出評價〕

這樣下去也不是辦法，所以我們姑且就先把基礎ＰＥＲ設定為十五倍，就像先把速限訂為四十公里。就請各位以「有模糊地帶」為前提，繼續讀下去。

不過，**這裡的ＰＥＲ十五倍，充其量只是整體的平均，是用來評估的一個基準值，並不是內在價值。接下來要考慮的，就是企業的個別狀況了。**

誠如我在第一章提過，豐田汽車的ＰＥＲ，遠低於東證一部所有上市公司的平均ＰＥＲ。究竟為什麼豐田的本益比，會落後大盤平均這麼多呢？

因為股價反映了豐田的個別狀況。通常，PER會和大盤平均有落差，都是因為市場對該企業長期的觀點，也就是反映了企業未來的發展性所致。目前汽車銷售暢旺，但是當景氣衰退時，銷量應該就會跟著下滑。所以評價汽車類股時，要扣除這些景氣因素才行。再者，只要自動駕駛、電動車越來越普及，說不定豐田汽車就無法再運用以往的那些優勢。這些長期且悲觀的觀測，拖累PER的表現。

業界特有的資訊和個別資訊

圖表2－8是二〇一九年一月時各業種的落後本益比。

從這張圖表當中，可以看出營造、石油煤炭、鋼鐵和銀行等類別的PER，都低於10倍。受到日本國內人口減少、業界版圖大洗牌，以及環保意識抬頭等因素的影響，這些恐怕都被市場判定是成長無望，或風險極高的行業。

而需求穩定的食品、醫藥品、零售等行業，則被認定是低風險業種，PER偏高。此外，在電子電機、資通訊業方面，PER所反映的發展潛力，恐怕比風險更高出許多。它們的PER多落在二十倍前後，是深受市場好評的類股。

然而，「個別狀況」並不等於「行業整體的狀況」。考量個別狀況時的重點，在於個別企業的發展性，也就是企業的風險和成長。

常有人會單純只以各業種的PER來做比較，例如「我買的是資通訊類股，PER才十倍，是相對低點」、「我買的是營造業，PER已經二十倍，是相對高點」等。這樣的比較，是很沒有概念的做法。即使是資通訊業，也有被市場認為是經營或商業模式不佳，勢必面臨許多考驗的企業；而同樣是營造業，也有早就引進最新科技，並參考大眾行為變化，故得以快速成長的企業。

圖表2-8　業種別落後PER（二〇一九年一月統計數據）

綜合	15.4（倍）
營造業	9.9
食品	18.5
化學	14.6
醫藥	23.6
石油煤炭產品	5.5
鋼鐵	9.9
機器設備	13.6
電子電機	19.7
交通運輸設備	11.2
精密儀器	15.4
電力瓦斯	14.3
陸路運輸	16.8
航空運輸	10.1
資通訊	23.3
批發	11.9
零售	22.4
銀行	8.9
保險	13.3
房地產	10.1
服務業	20.9

不過，每個業界都存在著一些業界獨有的共通風險，這也是不爭的事實。新冠病毒的疫情升溫，各家旅遊、航空業者，不論經營型態如何，皆受到了重創。但即使考慮了業界的特殊因素，還是需要再更進一步推估個別企業的實力。

只蒐集、評估會影響營收與成本的資訊

像這樣整理與個別企業相關的資訊時，VE思維也很能派上用場。想必VE當中所處理的「眾人的滿足」這個概念，和投資股票要處理的「眾人的欲望」，在本質上有很多共通點吧。

在VE當中，對於資訊的處理態度特別嚴謹。其實投資股市也是如此，到頭來其實資訊才是一切，最重要的，就是「有效率地蒐集有

益資訊，並做出適當評價」的程序——VE又再重新讓我體認到了這件事。

那麼，我要請各位一起來想一想：這裡所謂的「有益資訊」，指的究竟是什麼？

「人類又在銀河系裡發現了新的行星」、「在太平洋的深海裡發現了新物種」諸如此類的資訊，即使蒐集得再多，就投資股票而言，其實根本沒有任何意義。那麼「誰當上了美國總統」或「聯準會主席的最新發言」呢？這些資訊對部分企業的影響甚鉅，但也有企業幾乎不受影響。那「新冠病毒的疫情資訊」呢？「附近那家藥妝店新推出的生髮水很暢銷」之類的消息呢？

就結論而言，若以VE式的思考來分析，評價個股時的有益資訊，追根究底，其實就是看「對營收有何影響」和「對成本有何影響」這兩項足矣。除此之外，所有消息都稱不上是有益資訊。

對股價有絕對影響力的「獲利」，可用一個極為簡單的算式來呈現，那就是「獲利＝營收－成本」。既然如此，那我們更應該只聚焦在「會影響營收和成本」的資訊上，並且有效率地進行調查。

特殊資訊和一般資訊

另外，就消息來源而言，我們可以從使用的觀點，將資訊以「特殊資訊」和「一般資訊」這兩個切入點來整理，就會是一個很有效的方法。謹將這個概念整理如圖2－9。

所謂的特殊資訊，就是在該企業、產品或服務上，具有特殊意義的資訊。以前面所舉的例子而言，生髮水的資訊就屬於這一類。它對生髮水製造商而言，具有相當重要的意義，但對大多數企業而言，就是一則毫無意義的消息。

圖表2-9　特殊資訊和一般資訊

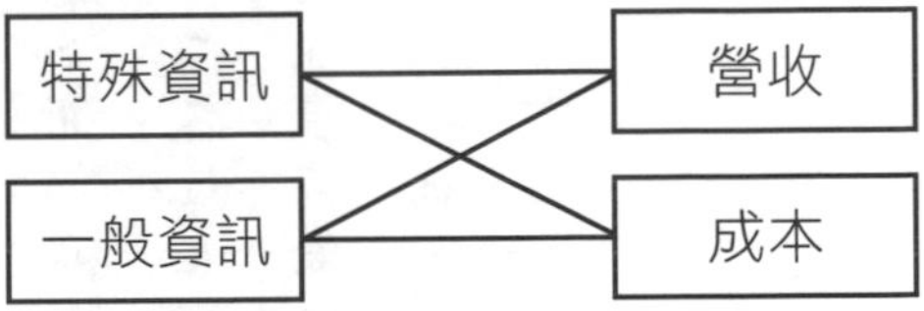

主要的特殊資訊與蒐集處

☒業界資訊：日經產業新聞、日經MJ、業界專刊、專業網站、白皮書

☒事業內容：公司四季報、企業網站、求職網站、投資集會

☒財報資訊：財報摘要、有價證券報告書、證券公司官方網站、投資專業網站

☒產品資訊：亞馬遜、門市通路、企業官方網站、專業雜誌或網站、鑽研特殊興趣的朋友、家人

☒經營者資訊：企業官方網站、求職網站、採訪報導、投資集會、股東大會

主要的一般資訊與蒐集處

☒景氣動向：報紙、投資專業網站、證券公司官方網站、客戶的牢騷抱怨、計程車司機

☒匯率、利率：證券公司官方網站、投資專業網站、報紙、電視新聞

☒原油價格、房地產、工資：業界專刊或網站、政府發布資訊、報紙、電視新聞

所謂的一般資訊，就是可供許多企業、產品和服務運用的資訊。例如新冠病毒的疫情資訊，現在幾乎是對每個投資標的都很重要。

為避免各位產生誤會，請容我再補充一句：並非所有報紙和電視等大眾媒體的消息，都是一般資訊；也不是各位在街頭發現的消息，都是特殊資訊。報紙上的消息，也包括了一些只會影響個別企業的特殊資訊；而各位在街頭發現的消息當中，也有些是屬於一般資訊的範疇，例如你覺得最近的時尚潮流變得很低調樸素，那麼這項消息，就可稱為一般資訊。這種方式，是站在使用方的觀點來分類，而不是資訊發生的源頭。

效率市場假說的謊言

各位是否都聽過「效率市場假說」？這個概念，是指全世界的所有資訊，都會因為到處瘋狂找尋投資機會的廣大投資人所做的判斷，而瞬間反映到股價上。不過，這個假說其實有很大的問題──因為它把特殊資訊和一般資訊混為一談了。

許多對經濟影響層面廣泛的一般資訊，的確會在轉眼間就傳遍全世界，並且反映到股價上。然而，特殊資訊則是緩慢地擴散，也需要一些時間才能正確地判斷這些資訊代表著什麼意涵。因此，市場會靜待一小段時間，才反映出特殊資訊對內在價值所帶來的變化。動作太慢或許是會錯失投資良機，但也還不至於要到時時刻刻緊盯螢幕的地步。

「六成靠邏輯，四成憑直覺」戰勝AI

基於同樣的原因，目前人類還無法指望「在網路上蒐集全球的特殊資訊，交給AI去做判斷」的方法會成功。出現在網路上的文字資訊，大多還是流於情感且短視。若想找尋展望未來幾年，可用於長期投資的資訊，這些網路消息根本完全派不上用場。動用AI蒐集這種資訊，蒐集得再多，也只是會害自己做出錯誤的判斷罷了。

就算AI真能找到有益的資訊，但預測未來所需要的，也不僅只是邏輯思考而已，直覺也很重要。若要等到數據資料蒐集齊全，還能只憑邏輯思考就洞察未來發展時，那些消息早就已經在股價上反應過了。

就我個人的感受而言，**根據各式資訊所做的邏輯性判斷大概六成可行，憑直覺所做的判斷大概四成可行時，就要當機立斷地準備奮力一搏，否則就來不及了。所幸目前AI還沒有這樣的「直覺」，因此**

就長期投資而言，我認為目前人類還是暫時比ＡＩ有利。

如前所述，我們要從特殊資訊和一般資訊當中，進行營收和成本方面的探討。但我們究竟想從中了解什麼？謹先將結論匯整如圖表2－10。

各位最想知道的，是「接下來股價還有多少上漲的機會？」也就是圖表2－10當中的「價值」。因此，我們必須計算出企業的內在價值。

圖表2-10　VE資訊關係圖

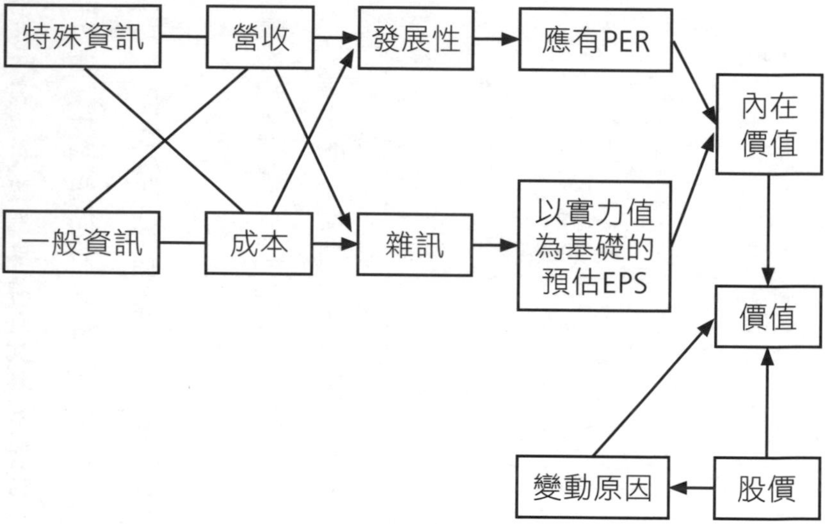

〔計算出決定內在價值的兩個因素〕

股價背離企業內在價值的原因，可分為兩大類。

第一個是PER的落差。PER原本應該反映個別企業的實力，但可能因為各種因素而處於偏低水準。可是，若有許多投資人在某個時間點發現它被低估時，預估本益比就會一口氣衝高，這時股價就有可能上漲。

還有一個原因，是計算PER的基礎——EPS出現落差。獲利的實際值或公司預估值，都不一定能夠反映企業真正的實力。短期性的獲利水準，可能受到一些暫時性因素或偏誤等影響，而出現與實力不符的現象。剔除這些因素的「以實力值為基礎的預估EPS」，可能會比公司自行預估的EPS，或專家預估的EPS來得高，於是股價就潛藏了一些上漲的機會。

換言之，企業的內在價值多寡，取決於這兩個因素——一是「已考量企業發展性的應有PER」，另一個則是「以實力值為基礎的預估EPS」。

我們把第一章說明過的PER算式稍做變化，就會形成股價＝PER×EPS。如果各位計算出來的「應有PER」和「以實力值為基礎的預估EPS」更高，那麼股價就會是這兩者相乘，有機會大漲（詳情將於第三章及第五章舉例說明）。

像這樣釐清企業的內在價值，計算出股價股價上漲的機會，就是VE投資的核心概念。

圖表2-11 決定內在價值的兩個因素

以實力值為基礎的預估EPS

因為處分土地資產獲利，或是因為地震造成財物損失等暫時性因素，以及該企業往年的預估EPS都偏保守或強勢之類的偏誤等……把這些和企業原有長期實力不相關的雜訊剔除，計算出你所能想到最正確的、以實力值為基礎的預估EPS。

應有PER

如果個股已受到眾人適當的評價，那麼評價的結果，應該就會考量到企業的發展性，並且是眾人判斷合理的水準。各位應從企業的事業機制、商品特性、市場大小與經營者的目標方向等因素，用自己的方式，預估個股的發展性，看看未來在營收、成本上會如何變化，並計算出符合這些預估的、妥適的PER。

股價＝PER×EPS，故將這兩個因素相乘之後，就能算出股價還有上漲的機會。

剔除雜訊，斟酌發展性

因此，各位該做的，是從特殊資訊和一般資訊當中，蒐集與營收、成本有關的資訊，例如今年度剛好有處分土地資產獲利進帳，或是偶然因為地震造成財物損失，又或者是該企業往年的預估EPS都偏保守或強勢之類的偏誤等，把這些和企業原有長期實力不相關的雜訊剔除，計算出你所能想到最正確的、以實力值為基礎的預估EPS。

還有，各位應從企業的事業機制、商品特性、市場大小與經營者的目標方向等因素當中，用自己的方式，預估個股的發展性，看看未來在營收、成本上會如何變化，並計算出符合這些預估的、妥適的PER。

這一套做法，當然會因為經驗、技巧和努力程度的不同，而有所差異。這些差異，就是能投資人能否戰勝股海的關鍵。想長期在股市成功獲利，唯有在這裡下足努力功夫才行。

不過，如前所述，這裡並不是在要求各位以爭奪奧運會或世界盃的門票為目標。只要具備足以考上駕照，開車上路可以長年不肇事、不違規的知識、經驗和謹慎，應該就很有機會笑傲股海。

〔讓分析更有效率的兩種手法〕

可是，要仔細蒐集每一家上市公司的有益資訊，評估它們在股價上反映的程度多寡，像你我這樣的散戶，有辦法能處理如此浩大的工程嗎？我想不必我多說，這是不可能的，就連投資專家也辦不到。

由下而上分析法

因此，自古以來，很多價值投資人都會採取所謂的「由下而上分析法」（Bottom-Up Approach）。首先，我們要先從股價偏低的觀點，以所有個股為對象，廣為篩選，概略挑出其中可能產生「價值」的個股（第一階段評選）。接著再針對這些獲選的個股，仔細蒐集它

圖表2-12 由下而上分析法

從股價偏低的觀點，以所有個股為對象，廣為篩選，概略挑出其中可能產生「價值」的個股（第一階段評選）

再針對這些獲選的個股，仔細蒐集它們的特殊資訊和一般資訊，推估企業的內在價值（第二階段評選）。

最後再從留下來的個股當中，選出最值得期待的潛力股，並與自己手中的持股做比較，若能判斷它具備相同或甚至是更高的價值時，便決定買進（進場投資）

們的特殊資訊和一般資訊，推估企業的內在價值（第二階段評選）。最後再從留下來的個股當中，選出最值得期待的潛力股，並與自己手中的持股做比較，若能判斷它具備相同或甚至是更高的價值時，便決定買進（進場投資）。

若是採取VE投資法，那麼就可以在第一階段評選時，使用「VE投資一覽表」；第二階段評選時，則可依剛才介紹過的「VE資訊關係圖」，進行資訊分析。

首先，如果我們可以同時比較EPS和股價的變動，至少就可以看出價值究竟是在放大，或是呈現萎縮趨勢。

請各位看看圖表2－13的VE投資一覽表。我把前面介紹過的「VE投資一覽表」稍做調整，用「EPS的變化」取代「內在價值」，還另設了一個「預估PER」的欄位。我們要用這張表，來篩選個股。

圖表2-13 VE投資一覽表

	❶	❷	❸	❹	❺
EPS的變化	→	↑	↑	↑↑	↓
股價變化	↓	↓	→	↑	↓↓
預估PER					

❶EPS不變，但股價下跌。

❷EPS上升，但股價下跌。

❸EPS上升，但股價不漲。

❹EPS大幅上升，但股價的漲幅卻沒跟上。

❺EPS下跌，但股價跌幅更深。

如圖表當中的「❷」所示，倘若出現ＥＰＳ上升，但股價卻下跌的現象時，至少在過去或現在（或兩者皆是），該檔個股的內在價值和股價很有可能呈現背離。如果過去的股價水準正確，表示目前價值正在放大；如果現在的股價水準正確，就代表以往的股價太高了。

這時，前者可列為投資的候選標的，後者就必須從候選清單中剔除。因此，我們還要一併檢視個股現階段的預估ＰＥＲ。

假設現階段的預估ＰＥＲ是十倍，遠低於股市整體平均的十五倍，我們就可推知：以絕對值來看，股價可能相對偏低；且相較於過去，價值也在呈現放大趨勢。倘若股價已經大跌，ＰＥＲ卻還有三十倍，那就表示市場以往對這檔個股高估得離譜，甚至現在也有可能還太高估。

如前所述，我會用「推知」、「可能」來描述，是因為ＰＥＲ會反映市場對個股的未來預估，不能只憑既往資訊來判斷的緣故。後續我們還要再做更深入的調查（第二階段評選）。

就像這樣，我們先套用VE一覽表的概念，以EPS的變化、股價變化和預估PER這三套標準來約略篩選，以完成第一階段評選的工作。從第三章起，我會用我個人的實際案例，為各位說明具體的操作方法。

由上而下分析法

要找出值得期待的潛力股，還有另外一種分析手法，那就是「由上而下分析法」（Top-down approach）。我在這次全球受到新冠病毒疫情影響，深感世界局勢可能出現變化之際，也用了這一套分析手法。

新冠病毒疫情的影響甚鉅，許多企業因此而突然失去了收入。此外，人們也因為這個契機，改變了行為模式。我甚至開始覺得，「這些行為模式將來不會再走回以往的老路，人類社會將展開全新的未來」才是比較合理的想法。

於是，我決定開始找尋那些短線收益亮眼，長線也會因為人類行為模式改變，而可望在收益上有更多斬獲的企業。

首先，我從清潔意識的抬頭，想到了衛生概念股；人與人的接觸機會減少，待在家裡的時間變長，又讓我想到了宅經濟概念股；還有，那些因為原油價格崩跌，而享受到好處的低油價概念股等，都是我想到的候選主題。

接著，我再以這些關鍵字為基礎，玩起了聯想遊戲，找出「遠距上班」、「電子內容」、「宅配」、「消毒」等可能有關的關鍵字，寫出相關的個股，再逐一評估。

這時，我套用了VE投資一覽表的概念，找尋那些股價雖跌，但研判PER仍在合理水準以下的個股。最後，考量到遠距上班和線上學習的需求激增，我精挑細選，買進了包括筆記型電腦線上零售通路MCJ在內的等三檔個股（詳情請參閱第三章）。

當社會上發生鉅變時（這次是「新冠病毒疫情」），設定可能因為變化而大受影響的主題（「宅經濟」），再細分出一些關鍵字（「遠距上班」、「線上學習」），進而挑選出一些與關鍵字相關的個股（第一階段評選），接著再推估這些個股的價值（第二階段評選），最後挑出當中最值得期待的潛力股，下單買進（進場投資）。

我個人多半是從「由下而上分析法」當中，操作「由上而下分析法」。這是什麼意思呢？就是搜尋股價偏低的個股，當找到「就是它！」的標的時，往往個股周邊還有隱藏其他潛力股。接著再試著用同一個主題，進行由上而下分析，依樣畫出第二顆葫蘆。

圖表2-14　由上而下分析法

當社會上發生鉅變時（這次是「新冠病毒疫情」），設定可能因為變化而大受影響的主題（「宅經濟」），再細分出一些關鍵字（「遠距上班」、「線上學習」）。

然後挑選出一些與關鍵字相關的個股（第一階段評選）。

接著再推估這些個股的價值（第二階段評選）。

最後挑出當中最值得期待的潛力股，下單買進（進場投資）。

〔「應有PER」的基準表〕

最後，我們在評估應有PER之際，還留有一個很重要的問題，那就是「該反映多少發展性？」

公司預估的PER，或是公開在網路上那些專家預估的PER，都是在預估、計算當期——也就是從現在到會計年度結束前，這些極近未來的收益。然而，企業是一個要長期賺取營收、獲利的單位，用上述這種短視的觀點來評估，當然會有問題。只就「極近未來」這個區間，去評價企業或個股表現，那些僅限於本期發生的特殊因素影響，例如像是酷暑、台風所造成的嚴重影響，策略性投入大量廣告宣傳預算，又或是新工廠建置進度落後等，各種出於內、外部因素的雜訊，干擾程度就會被過度放大。

那麼，若依大學財務課程所學，先用十年、甚至二十年的超長期區間，預估未來收益，再反推回來，評估目前股價合理與否，就是正確的做法了嗎？就理論上而言，這是個極為正確的做法，但很難說它絕對務實。實務上，包括企業的經營者在內，那麼遠的將來，其實誰也說不準。光是回想過去十年發生的國際大事，包括新冠病毒的疫情、東日本大地震，或是美中貿易戰、英國脫歐等等，應該就不難想像這個辦法有多愚昧了吧？

那麼，該怎麼做才是務實的正確答案？

PER沒有魔法方程式，但仔細評估能幫助我們洞察未來

唯一可以肯定的是，沒有任何一套做法，可以像是魔法方程式一樣，讓我們準確預測每一家企業的未來。請各位回想一下平底鍋超人

的故事——人人都知道殺人不對，但是當實際發生殺人刑案時，絕不能以「殺人＝死刑」這麼簡單的方程式來量刑裁罰。每一宗殺人案背後，都有著錯綜複雜的原委，應該從幾個不同的觀點，包括「嫌犯有無犯意？」或「死者有無行凶企圖？」予以審慎評估。

企業的發展性也是一樣。**而股價當中，必然也參酌了公司的發展性。然而，每家企業都有各自複雜的狀況、原委，不能因為它是某種類股，就妄自做出「PER十三倍很合理」之類的判斷。唯有針對每家企業仔細評估，除此之外別無他法。**

眾人認為合理的PER水準，是用構成發展性的兩個因素——成長因素和風險因素所分析出來的。因此，「應有PER」也該必須這兩個面向來判斷。先落實做好完整的調查，最後再憑「直覺」來做出判斷。

圖表2-15　應有PER基準表

信心 前景	很有信心	有信心	普通	疑慮／沒信心
可望出現急遽成長 （EPS成長率：約10～20%）	依本益成長比計算			小額投資，暫時觀望
相當樂觀 （EPS成長率：約10～20%）	20倍	17.5倍	16倍	
樂觀 （EPS成長率：約0～10%）	15倍	14倍	13倍	
普通 （EPS成長率：約０%以下）估PER	不列入VE投資對象			

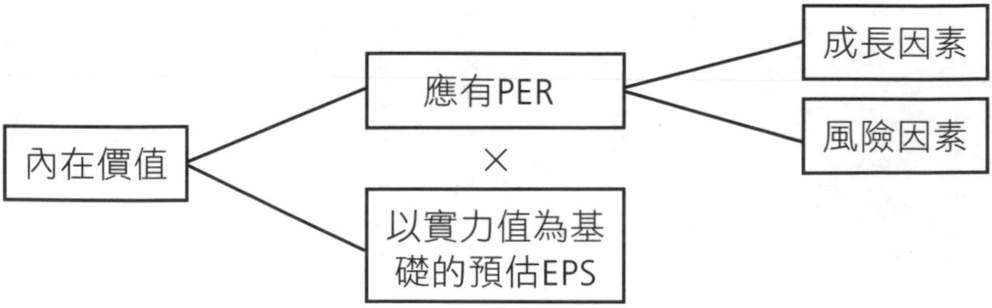

然而，就像不設速限就無法取締超速一樣，要判斷合理與否，終究還是要先設定出一套標準才行。

因此，我從實用的觀點，準備了一張「應有PER」的判斷基準表（圖表2-15）。

圖表中的縱軸是從成長性——也就是從前景的觀點剖析，橫軸則是從風險——也就是各位的信心、疑慮等觀點，列出了PER的基準值。

排除可能有價值陷阱的個股

讓我們由下往上，依序來看看這些項目。首先是「經過多方調查，該檔個股今後大幅成長無望，前景普通」的案例。遇有這種投資標的時，就算股價偏低，最好還是避免買進，否則它將會讓各位陷入令人頭痛的價值陷阱，也就是等再久股價都不漲的現象——畢竟「EPS→、股價→」的狀態持續下去，價值是不會放大的。

「只投資前景樂觀的企業」堪稱是VE投資的一大重點。這樣做能讓投資人在價值投資的獲利之外，還能賺到成長投資所帶來的獲利。萬一不幸在過程中淪入價值陷阱，股價兩、三年都漲不動，至少企業的收益會增加。只要「❸EPS↑、股價→」的狀態持續下去，企業的價值就會成長，累積更多上漲力道，靜待有朝一日股價反彈，所以途中絕對不能認賠賣出。

等到有信心才買進

接著是從下面數來的第二項，也就是前景樂觀的案例。這表示企業正在嘗試的新挑戰已經開始貢獻收益，開始讓人嗅到情況即將為之一變的預感；或是外部環境出現大幅變動，後續將會讓這家公司一路兢兢業業、用心開發的商品需求大增等……諸如此類的案例。

此時，請各位依據自己的信心程度，將自己認為合理的PER水準設定為三個階段。就我個人而言，很有信心時，會把標準值設定在眾人認為合理的平均PER十五倍，其餘會依信心程度，將基準值下調到十四、十三倍——概念就是「沒信心＝有疑慮＝高風險」時，調降對個股的評價。而在圖表上的最右側，也就是前景樂觀，但疑慮仍多時，最好將該檔個股從投資標的中排除，暫時觀望一段時間，或是經過深入調查後，等到對前景有信心才買進。

「前景相當樂觀，但缺乏信心」時，就只先小額投資

從下面數上來第三列，也就是企業的經營決策精準，可望大幅成

長的案例。此時基準值可以拉得比剛才更高。「在『市場平均值＋25%』以下的水準買進成長股，成功獲利的機率相當高」這是一個歷史非常悠久的經驗法則，因此我選擇融入這個概念。

「咦？很有信心時的PER是十五倍，乘上一・二五之後是一八・七五倍，可是同一列的左邊寫的是PER二十倍，是不是算錯了？」或許有人注意到了這個細節。不過，我再三強調，所謂的秩序，其實是建立在人們的想像之上，因此不該套用自然科學上的嚴謹。所以我選擇用概略、好記的方式，訂出以PER二十倍來當作基準值。

不過，各位若想把基準值訂在一八・七五倍，那也無妨，甚至是把整張圖表都往更安全的方向重新調整，都沒關係。這樣一來，成功獲利的機率應該會更高。可是，要找到股價相對低檔的個股，就會變得更不容易了。

接著，再請各位看看這一列的最右邊，也就是前景相當樂觀，但投資人卻缺乏信心時的案例。不管是什麼樣的個股，總會有足夠的利空要素，讓你我提心吊膽。

因此，我實際身體力行的務實解方，就是「總之先小額投資就好」。即使只投入些許資金，在實際當上股東之後，就會萌生當家作主的意識，更有動機去深入調查個股。經過深入調查之後，若能釐清疑慮，就可再往圖表左方前進，改以PER十六倍為基準來觀察；若遲遲無法釐清，那麼就維持小額投資即可。

凱利公式是用數學思維算出「在每場賭局當中，究竟該押注多少才正確」的一種方法。根據凱利公式的概念，當我們面對獲利機會低，但有一定程度獲利可期，走運的話還能大賺一筆的投資標的時，或多或少投資一點，才是正確的做法。如果各位的資金尚稱寬裕，建議不妨採用這一套判斷方式。

希望在比基準值低五〇%時買進

「不好意思，會拿分（enafun）老師，我有一個小問題。這裡您提出了非常具體的ＰＥＲ基準值，我們是不是可以這樣解讀：在實務上，我們只要在ＰＥＲ低於這個水位時進場買股，就能成功獲利？」我彷彿已經聽到了這樣的提問。

針對這一點，我希望各位要有這樣的認知：越是比這個基準更被低估的個股，我們投資獲利的機率就越高。如果可以，在實務上做投資判斷時，希望各位能以這套基準的一半水準來買股。如前所述，**一、二〇%的相對低價，會被誤差範圍掩蓋。所以至少要用基準值×〇・七五，坦白說，我其實更希望各位用基準值×〇・五來評估買進。**

然而，這只不過是價值投資式的判斷基準，越往上走——也就是成長率越高，越要仰賴成長投資式的判斷力。

可望出現急遽成長時，就用本益成長比

最上方的項目，也就是今後可望出現急遽成長時，成長投資派投資人的判斷基準——本益成長比（Price/Earnings to Growth Ratio，簡稱PEG），就是一套很能派上用場的工具了。所謂的本益成長比，是認為「當PER與本期淨利的成長率（年成長率）相同時，股價大致會落在合理水準」的一種判斷方法。

若要以算式來說明的話，可寫成以下這個算式：

本益成長比＝PER÷本期淨利成長率

這個數字在「一」以下時，就代表股價偏低；若在「一」以上時，則可判斷為股價偏高，是一套很傳統的投資評估基準。

假設一檔個股的PER為二十七倍，看在眾人眼中已遠高於「十五倍」這個平均值，但後續的成長率可望達到三〇％以上時：

本益成長比＝27（倍）÷30（％）＝0.9

算出來的數字小於一，故可判斷股價偏低。

這個算式，或許又會讓理組的讀者感到不太對勁，覺得「用兩個顯然不同概念的數字來相除，算出一以下的數字就是好股？」不過，這一套經驗法則是有根據的。假如PER和成長率相同，且狀態持續三年，那麼三年後，PER大致就會落在合理的水準。

圖表2－17的一覽表，呈現的是當股價不變時，本益成長比一倍的個股，在獲利成長後，PER會出現什麼樣的變化。最左邊的那一行呈現的是PER和獲利成長率，兩者的數值相同。以最上方列為

例，PER五十倍的個股，成長率為五〇%，倘若股價不變，那麼一年後PER就會變成三三・三倍，兩年後變成二五・〇倍，三年後變成二〇・〇倍。換言之，倘若如此急遽的成長一路持續到三年後，那麼就算之後的成長放緩，我們仍可判斷股價處於合理價位。換句話說，未來三年的獲利成長，已在這個股價中發酵。當企業的獲利成長出現放緩的跡象時，哪怕只是一點徵兆，股價都會大幅下跌。

即使在這樣的狀態下，價值投資人仍夢想著能在本益成長比〇・五倍以下時買股。結果到頭來，其實能買在低點，才是降低風險、推升獲利的最佳方法。然而，話雖如此，實務上要找到這樣的個股，其實沒那麼簡單——因為它需要同時符合好幾個條件。

現實世界的成長企業又是如何？

有一點希望各位了解的是：投資股票的獲利，來自於「股價偏低狀況解除」，和「企業獲利成長」這兩個層面。尤其是面對那些獲利成長率極高的成長股時，過度拘泥股價是否處於相對低檔的結果，反而會在股海翻船——因為即使不是買在相對低點，企業獲利成長率所帶來的投資獲利，就已經相當可觀。如果各位對個股有信心，那麼就算本益成長比在「二」前後，也可以做出買進的判斷。

現實世界裡的成長企業，不會像個節拍器一樣，以一定間隔成長。如果各位買到的個股，是外行人都看得出今後三年可望成長三〇%的高速成長企業，有時獲利可能會在下一年就成長五〇、一〇〇%，讓各位喜出望外。

圖表2-16　本益成長比

所謂的本益成長比，是認為「當PER與本期淨利的成長率（年成長率）相同時，股價大致會落在合理水準」的一種判斷方法。

本益成長比＝PER÷本期淨利成長率

這個數字未滿「一」時，就代表股價偏低；若超過「一」時，則可判斷為股價偏高，是一套很傳統的投資評估基準。

圖表2-17　本益成長比一倍股與後續的PER變化

PER、獲利成長率	1年後的PER	2年後的PER	3年後的PER
50（倍、%）	33.3（倍）	25.0	20.0
45	31.0	23.7	19.1
40	28.6	22.2	18.2
35	25.9	20.6	17.1
30	23.1	18.8	15.8
25	20.0	16.7	14.3
20	16.7	14.3	12.5

（股價維持不變時）

尤其是網路企業，或是好不容易才把虧損打平的新創企業，一旦建立起營運機制後，有時就能在控制成本的情況下，迅速衝高營收，故需特別留意。

預估要做到盡善盡美，成為一個看懂股市門道的人

「會拿分老師，我還想再請教一個問題，那就是『樂觀』和『非常樂觀』的界線，還有『非常樂觀』和『可望出現急遽成長』的界線，要怎麼劃定？」

我再三強調，界線是很模糊的。不過，姑且還是希望各位以前者成長率約一〇％，後者成長率約二〇％，來畫出界線。所以我才會在應有PER的基準表上，加入EPS成長率的預估範圍。不過，現實問題是外行人很難如此細膩地計算EPS成長率，即使是專家，計

算起來也很常出錯。

因此，即使們不確定個股ＥＰＳ究竟會有多少成長，只要它的前景樂觀，我們就認定它是成長股；且與眾人給的平均評價相去不遠，甚或是稍高一點，我們就認定它的股價的確偏低。

論語當中有一句話說「不知為不知，是知也」意思是說當我們對「自己不明白的事，就是真的不明白」有自覺時，才能說是真的明白。看來面對再怎麼樣都不明白的事，我們打從一開始就應該以不懂為前提；但面對查過就能明白的事，則要做到盡善盡美。最後若能再發動直覺，做出最佳預測，那麼各位就能成為一個精通股票世界的人。

當我們面對未來之際，懂得保持虛懷若谷的態度，是非常重要的關鍵。ＶＥ投資法能完整預測未來的方向性，但對於未來的細節，例如在何時之前會發展到什麼地步等等，都是以「誰也不知道」為前提，來擬訂投資策略。我不敢說它一定是正確解答，但應該可以說是盡善盡美了吧。

第三章

VE投資的操作程序

——疫情危機下的實戰案例

活用公司四季報

二〇二〇年正月，部屬來找我商量這個問題：

「年終獎金總算發下來了。我看了您出的股票投資書，試著買了一些MCJ的股票。您覺得怎麼樣？」

仔細一問之下，才發現原來他是因為讀了我的前一本作品《每個人都能透視飆股：用五大法則掌握飆股的長相，在大漲十倍前搶先進場》，並依書中指示，仔細地熟讀《公司四季報》之後，才依自己的想法，相中了這檔個股。他的做法，可說是嘗試了我在前一章所介紹的由下而上分析法。

諸如此類的個人投資諮詢，通常我都不太搭理。但我心想：「既然人家都已經這麼用功了……」於是回家後，便查看了一下公司四季報。一查之後，我的第一印象是「還蠻有意思的」。

在結合VE投資法的由下而上分析法當中，第一階段評選要從業績、股價和預估PER的比對開始做起。就這一點而言，公司四季報在編排上已運用巧思，讓投資人可以同時看到這幾項資訊，甚至還有一些包括質化分析在內的補充資訊，都已簡要匯整於此，運用上非常方便。儘管近年來，我也開始用起了證券公司的網站或收費的投資資訊網站等，但「翻閱四季報」這一套傳統的方法，我也很熟悉。

製作VE投資一覽表

翻開日本公司四季報的二〇二〇年新春號，找到MCJ的頁面（圖表3-1）一看，發現：①股價自二〇一七年三月起的長期走勢圖，幾乎是持平或微幅上升。②業績推移卻很精彩。過去四年，公司的營收、獲利皆持續成長，本期預估也將出現營收、獲利雙成長。對照VE投資一覽表，則如圖表3-2所示，是屬於「❸EPS↑股價→」的型態。

③預估PER是九・七倍。這個數字並非出自MCJ公司，而是根據《公司四季報》工作人員自行估算的EPS，所計算出來的結果，可列為第一章所介紹的「專家預估PER」。相較於企業所做的預估，專家預估PER更完整地考量偏誤或近來的外部環境等因素，可說是更精確的數字。

MCJ的主力事業，是製造、銷售個人電腦的鼠牌電腦（mouse computer）。鼠牌電腦近年來突然投入電視廣告宣傳，看來頗像是破壞式創新初期階段常見那種「看來有點廉價，但巧妙地抓住了顧客需求」的企業形態。當年優衣庫（UNIQLO）、軟體銀行（soft bank）、唐吉訶德（Don Don Donki）剛起步時，也是像這樣的感覺。此外，說到電腦的製造、銷售，就讓人想起以往美國戴爾電腦（Dell）快速成長的案例。

如果是前景如此樂觀的成長企業，那麼PER九・七倍實在是太低了。過去三年的獲利成長率粗估也有近二〇%，應有PER少說也有十六到二十倍（圖表3－3），但預估值竟低於十倍……

再看到「④」的意見欄，就會發現他們的工廠在二〇一九年時，曾因哈吉貝颱風來襲而受創。如果沒有這些災情，那麼MCJ的獲利表現應該會更好。不過風災損失畢竟是一時的，與公司長期的實力優劣無關。

而「⑤」的股東權益比率為五四・八%，沒有問題；付息負債一百四十八億，但約當現金還有二百一十二億日圓，可說是實質無負債經營；配息率也有三・一%，算是表現不差。

圖表3-1

②

【業績】（百萬日圓）	營收	營業利益	經常利潤	本期純益	每股純益（日圓）	每股配息（日圓）
合併 15.3*	102,880	5,065	5,217	2,627	26.9	5
合併 16.3*	103,288	6,167	5,014	3,087	31.7	6.5
合併 17.3*	108,727	7,483	7,503	5,630	51.7	13
合併 18.3*	124,544	8,504	8,743	5,811	59.7	18
合併 19.3*	137,264	9,684	9,690	6,655	67.9	20.5
合併 20.3* 預估	148,000	12,000	12,000	8,100	82.8	24.8
合併 21.3* 預估	160,000	12,800	12,800	8,800	89.7	25.3

③

股價指標

預估 PER（倍）
〈20.3〉 9.7
〈21.3〉 8.9

④

【風災損失】二〇一九年十月因颱風侵襲，導致部分外包廠商受創，零件及庫存損毀，恐將造成個人電腦出貨延宕。新廠商自十一月下旬起啟動生產，期能早日恢復正常供應。積極出借產品供電競大賽使用。

⑤

股份 101,774 千股
單位 100 股　優待
總市值 814 億日圓
財務〈合併 19.9〉　百萬日圓
總資產　73,804
股東權益　40,437
股東權益比率　54.8%
資本額　3,868
未分配盈餘　28,679
付息負債　14,834
【指標等】〈合併 19.3〉
ROE 18.3%　預 20.0%
ROA 9.1%　預 11.0%
調整每股純益　－日圓
最高純益 19.3　6,655
設備投資　1234
折舊攤提　528
研究開發　87
現金流量　百萬日圓
營業現金流　4,093(7,749)
投資現金流▲ 1755(▲ 3,036)
籌資現金流　1,503(▲ 2,266)
約當現金　21,201(17,932)

第一階段評選通過。

「你還蠻有天份的嘛！這檔股票說不定有機會大漲。不過，有一點希望你留意的是：電腦產品有它獨特的銷售週期。二〇二〇年三月前的這一整年，剛好碰上windows 7終止支援，所以有換購新機的需求。說不定明年度會出現反動，股價可能已經反映了這一點。」

隔天，我向他提點了這些話之後，就沒再過問。

圖表3-2　MCJ股票的VE投資一覽表

	❶	❷	❸	❹	❺
EPS的變化	→	↑	↑	↑↑	↓
股價變化	↓	↓	→	↑	↓↓
預估PER			9.7		

圖表3-3　MCJ股票在應有PER基準表上的位置

信心／前景	很有信心	有信心	普通	疑慮／沒信心
可望出現急遽成長（EPS成長率：約10～20%）	依本益成長比計算			小額投資，暫時觀望
相當樂觀（EPS成長率：約10～20%）	20倍	17.5倍	16倍	
樂觀（EPS成長率：約0～10%）	15倍	14倍	13倍	
普通（EPS成長率：約０%以下）估PER	不列入VE投資對象			

〔用由上而下分析法調整持股〕

就在這個時期，我才開始聽說到「中國爆發新型冠狀病毒疫情」的新聞，但沒想到後來它竟成為席捲全球的大災難。當時，我還以為疫情會像SARS（嚴重急性呼吸道症候群）或MERS（中東呼吸症候群）那樣，只是某些區域、某一段期間的問題，便不以為意。

不過，穩定了好一段時間的股市，竟在二月下旬時突然浮動了起來；到了三月，更是陷入了恐慌行情的局面。

當股市暴跌時，我自己固然會受到重創，但市場上將出現更多機會，這讓我大感興奮。當時我的持股和年初時相比，已經跌了三〇％，但我的注意力，全都放在「該怎麼好好利用這個千載難逢的機會」上。

圖表3-4　疫情危機下的日經平均股價推移

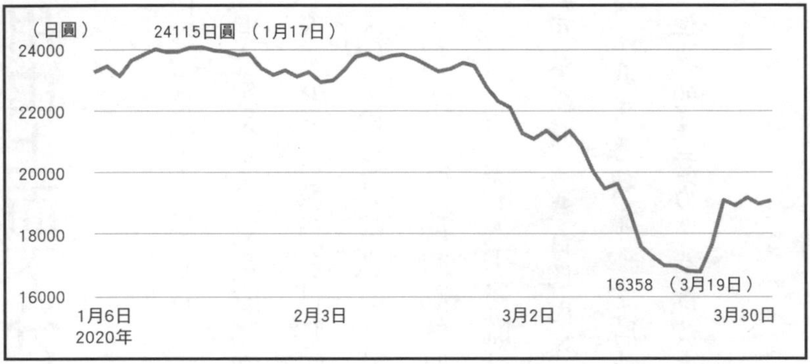

剛開始聽說「中國爆發新型冠狀病毒疫情」的新聞時，完全沒想到後來它竟會成為席捲全球的大災難。當時，我還以為疫情會像SARS或MERS那樣，只是某些區域、某一段期間的問題，便不以為意。不過，穩定了好一段時間的股市，竟在二月下旬時突然惶惶浮動了起來；到了三月，更是陷入了恐慌行情的局面。

首先，我祭出了由上而下分析法，評估如何調整持股。在此之前，我的投資組合（portfolio）比較偏向數位轉型（DX）概念股，持股比重高達近五〇%，後來我大幅調降了數位轉型概念股的持股配比，並提早出清房地產類股，以預防即將來襲的不景氣。

起初我還以為數位轉型概念股受疫情影響的程度應該很小，甚至還可能是受惠族群。然而，當不景氣的程度超乎想像時，恐將面臨企業縮減數位投資的風險。況且數位領域其實就是個成王敗寇的世界，巧妙掌握市場需求的企業，就能贏者全拿；反之，跟不上時代潮流者，就會輸得什麼都不剩。受到疫情影響而急速普及的線上會議系統，市場需求全都被Zoom、微軟等美國企業搶佔，日本企業根本就不是對手。因為還有這一層顧慮，所以我不想冒太大的風險。

不過，除了上述類股之外，不景氣和民眾行為模式改變，對節能、宅配公司等企業，其實反而是利多，於是我決定續抱持股。

第一階段評選 找出候選關鍵字

在由上而下分析法當中，我們要先寫出核心關鍵字，再依序寫出相關的關鍵字，就像是在玩聯想遊戲一樣。此外，若在網路新聞等消息來源看到出乎意料的關鍵字詞，不妨也把它們另外寫下來——因為我們要做的，不只是比誰的靈感正確，還要檢視目前已經開始出現的變化，當作自己選股時的佐證。圖表3－5所呈現的，就是我從這些資料當中摘錄的重點。

接著，我們要根據這些關鍵字，找出合適的投資標的。說不定市面上已經有人開發出AI之類的工具，可機械式地挑出各種平台上的質化資訊。不過，至少目前散戶層級還沒有諸如此類的工具可用。因此，或許這個方法是傳統了一點，但我選用的方法，就是攤開紙本的日本經濟新聞，在符合多個關鍵字的個股上，一個一個用紅筆劃線做記號。

然後，再翻開公司四季報，查看剛才挑選出來的那些個股——也就是像前面MCJ的那個例子一樣，為個股進行第一階段評選。

在「宅經濟概念股」方面，由於當時已有很多投資人注意到遊戲、網路相關個股，股價早已急拉過一波。我盡量避免這種正中熱門題材紅心的個股，改從週邊題材下手，就自己可以理解的範圍去查資料，例如電子書、健身等。戶外活動概念股方面，就找防蚊液或殺蟲劑；遠距上班方面，就找裝潢類股等等。

結果，我從「除菌」、「家庭五金大賣場人擠人」、「露營區門庭若市」等關鍵字詞，找到銷售除菌噴霧和殺蟲劑的福馬公司（fumakilla）[6]，列入我的候選清單。

6 1890年創業，1950年改組為公司，是全球率先推出電蚊香商品的業界領航者。東證二部上市公司。

第二階段評選 編擬投資情境

說到殺蟲劑，我還記得兩年前，日本由於夏天實在太過酷熱，連蚊蟲都很少飛出來活動，導致殺蟲劑相關個股的股價大跌。孰料霉運還沒走完，原本初夏時期是業界的傳統旺季，去年卻受到連日下雨的影響，使得殺蟲劑業界的業績和股價都持續低迷。

可是，未來他們還會持續受到連蚊蟲都不飛的溽暑，或是連日下不停的陰雨影響嗎？還是可望跌深反彈呢？若把過於悲觀的天候影響打些折扣，那麼福馬在「以實力值為基礎的預估EPS」上，是否會有更好的表現？

從長期觀點看來又是如何呢？新冠病毒疫情重創旅遊相關產業和活動公司，但利用多出來的閒暇時間在家種花蒔草，或出門從事戶外活動的人卻可能會變多。在露營區和家庭五金大賣場，都已經可以看到這樣的跡象。在各縣市的緊急事態宣言解除後，這一波熱潮恐怕還

圖表3-5 新冠病毒疫情關鍵字

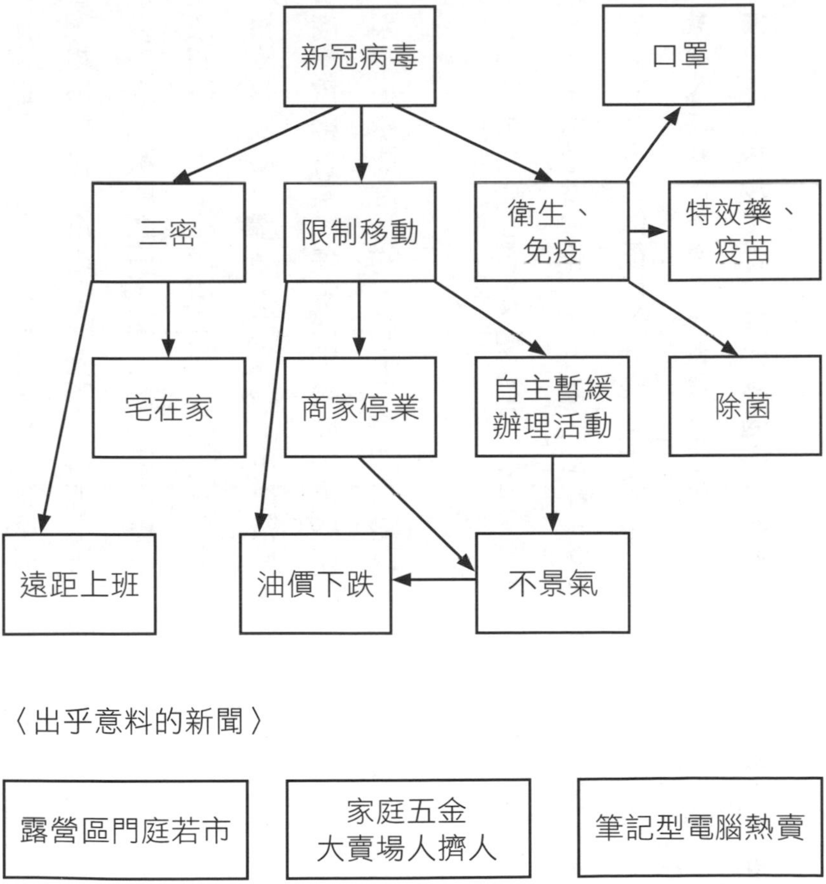

會再持續一段時間。我從小在鄉下長大，說到戶外活動或種花蒔草，馬上就會想起被蚊蟲大軍攻擊的痛苦。再加上這段時間室內需要空氣流通，很多商家都敞開門窗，讓人擔心店內會不會有蚊蟲。想必殺蟲劑和防蚊液的後市，還能繼續看好一段時間吧！

除菌和抗菌噴霧等產品，在通路上也持續呈現銷售一空的狀態。後續隨著商家重啟營業、集會活動開放，這些產品都將成為社會上的必須品。因此，疫情帶動的，並不是短期的熱賣，而是可望在中長期擴大市場。

福馬公司所預估的PER約為六十倍，看起來是相當偏高的數字。仔細審視上述這些變化，以及僅限去年一年的短線利空之後，就會發現它的PER實力值很可能低於二十倍。

我們就要像這樣，為自己編擬投資情境。

要編擬出這些情境，當然還需要過去的財報資料。最近證券公司

的網站，或是株探[7]、雅虎財經等投資資訊網站、應用程式，都能查看到詳細的過往業績走勢。即使是以十年為單位的長期業績趨勢，也都能立即掌握。

進場投資 精讀多期財報後，做出決策

然而，若想了解得更詳細，就必須熟讀多期財報和相關說明資料。這件事的確有些麻煩，但我個人的做法，是會找出好幾期的財報說明，再把財報數字輸入Excel檔案，做最後確認，接著就下定決心。這樣的作業程序，能讓我們避免檢視時的疏漏。

7株探（kabutan），日本的股市綜合資訊網站，以日股資訊為主，也有美股消息。https://kabutan.jp

像這樣的「由上而下分析法」，和「由下而上分析法」那種仔細查找股價偏低個股的觀點不同，有機會找出隱形的收益價值股。如果說由下而上分析法，是要從股價偏低個股當中，找出前景樂觀的企業，那麼由上而下分析法，就是從前景樂觀的領域，找出股價偏低個股的手法。

後來，我在三月底時，決定要暫時對福馬公司採取觀望態度，而改買了其他食品股。可是，到了五月十三日時，我發現福馬公司上修了財測，財報表現好到超乎我的預期。於是我賣掉已漲的食品股，改買福馬公司的股票。

我在一千四百多塊買進後，福馬股價不斷上漲，截至二〇二〇年六月十九日，已經來到了一八九五日圓的價位，未實現獲利已有約三成，進展非常順利。

圖表3-6 福馬公司股價走勢

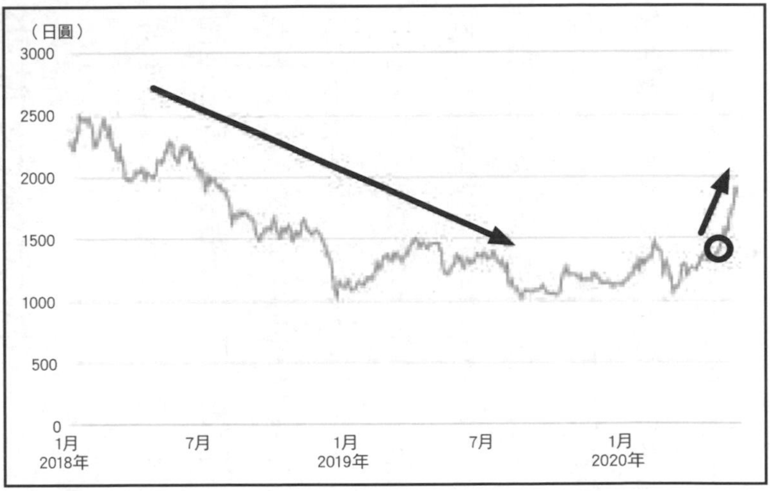

受到極端氣候等因素的影響，近兩年業績表現惡化。但我認為在新冠病毒的疫情之下，福馬應該是受惠股。於是便在確認過最新一期財報數字亮眼後，以1400多塊的價位買進，之後股價仍一路順利上漲。

【編擬投資情境】

就在我進行這些投資分析之際，我想起了正月時和部屬的談話——筆記型電腦是遠距上班的必需品，MCJ風生水起，形勢大好。當時我還擔心它會因為windows 7結束支援的換機潮出現反動，結果現在完全不是那麼一回事。

由於市場憂心中國業者是否會停止供應零件，因此MCJ的股價也和其他同業一樣重挫。不過，打開官方網站一看，發現他們竟很積極地祭出了促銷活動，電視廣告也強力曝光，看不出供應鏈深受影響的跡象。倘若真的受到了影響，中國的疫情已經過了高峰，各地也都在準備重啟生產，顯然缺料問題早晚會解決。

剛好這時我女兒的學校在規劃線上教學，我為了添購筆記型電腦，而跑了一趟家電量販店，發現多家電腦大廠果然都因為缺料問題而缺貨，但上門詢問的顧客絡繹不絕，電腦區簡直是逼近「三密[8]狀態」。

是暫時性的現象？還是持續性的變化？

遠距上班只是在疫情期間的暫時現象嗎？其實並非如此。我自己就實際試著在家遠距上班，發現工作效率比在辦公室更好。整個社會凝聚出一套「網路會議並不失禮，這樣反而更好」的共識，讓上班族可以不必專程到客戶公司或相關部門去，這一點影響很大。簡報看得比在會議室開會時更清楚，也不必煩惱該怎麼架設投影機，還省下了

8日本政府的防疫對策之一，就是呼籲民眾要避免密集人潮、密切接觸、密閉空間，簡稱「三密」。

鉅額的移動成本和房地產成本。隨時都在精打細算，想著該如何撙節成本的企業，怎麼可能忽略這個變化？採購筆記型電腦的費用？想必很快就能回本了。

這次因為情況還不至於到緊急的地步，所以很多企業都還沒有完全啟動遠距上班機制。但我也的確聽說疫情期間很多人在家充實自己，或不得不用私人電腦在家工作。未來如果更進一步朝遠距上班轉型，筆記型電腦的銷售，就還有持續成長的空間。

三月中旬時，MCJ的股價在五〇〇日圓前後落底，到三月底時已反彈到六〇〇日圓前後，即使到正月時來到八〇〇日圓前後，還是較疫情前跌了二五％，簡直是跳樓大拍賣。PER九倍多都已經很低，如果再考慮上述這些情況，MCJ真正的實力，PER恐怕該是五～六倍——再怎麼想都應該買進！

像這樣運用一般資訊和特殊資訊，分析營收與成本的後勢發展，再以約莫六成邏輯、四成直覺的比例，編擬出屬於各位自己的投資情境。

把情境寫在筆記本上

我一直維持這樣的做法，所以後來就不再特地把情境寫在筆記本上了。不過，**在熟悉這一套做法之前，建議各位把第一階段評選和第二階段評選的內容，匯整成像圖表3－7這樣的表單，即使只是做個筆記也無妨。**我以MCJ為例，寫下了一份記錄。

這份筆記，其實是要寫給將來滿心恐懼和不安、可憐兮兮的自己。當各位面臨重要抉擇，猶豫著該續抱還是該賣出的時候，看了這份筆記，必定能回想起一些很重要的事。

如果各位擔心的事情嚴重程度升高，將對未來的營收、成本造成重大影響時，投資情境就會瓦解——那就別再執著，賣出持股，換股操作吧！

如果只是市場出現動盪，投資情境本身沒有任何問題，只是各位自己也跟著惶惶不安的話，那就續抱，甚至評估加碼也無妨——因為這一瞬間，VE投資一覽表上的「❷EPS↑股價↓」狀態。

有時候自己編擬的投資情境，當然也可能會大出紕漏。換句話說，這份筆記還會讓各位知道「自己的實力有多少斤兩」。腳踏實地的寫，應該就能提高投資的勝率。

結果，我這個投資判斷似乎頗為正確。截至二〇二〇年六月十九日，MCJ的股價來到八百七十八日圓前後，我的未實現獲利約為四〇%。

圖表3-7 投資情境筆記（以MCJ為例）

企業名稱	MCJ	股票代碼	6670
第一階段評選（2020.1.10）		第二階段評選（2020.3.25）	
EPS趨勢	↑	發展性	相當樂觀
四季報預估EPS	82.6日圓	以實力值為基礎的預估EPS	100日圓以上
股價趨勢（長期）	→	股價趨勢（短期）	↑
股價	820日圓	股價	600日圓
預估PER	9.9倍	個人預測PER	6倍
PBR	1.9倍	應有PER	18.0倍
投資靈感		投資情境	
☒以最近常看到電視廣告的鼠牌電腦為主力事業，具成本競爭力。 ☒一說到電腦的製造、銷售，就讓人想到美國戴爾電腦的成長期。 ☒股價追不上業績成長，價值處於放大趨勢。 ☒2020年4月到2021年3月間的這一年當中，恐將因為去年windows 7終止支援而出現反動。		扣除風災等暫時性因素的影響，再考量遠距上班普及所帶來的利多，以實力值為基礎的預估EPS可望達到100日圓以上。 不過，該公司在收益增加後，往往都會擴大廣告宣傳費的投入，拉低獲利表現，需特別留意。就長線來看，電腦是相對耐久的產品，容易受到景氣影響，還有匯率波動的問題，所以要扣除這些因素，算出應有PER約莫是18倍。 目標股價＝以實力值為基礎的預估EPS100 ×應有PER18倍＝1800日圓。若能以600日圓的價位買到，就可望搶賺三倍獲利。	

圖表3-8　MCJ股價走勢

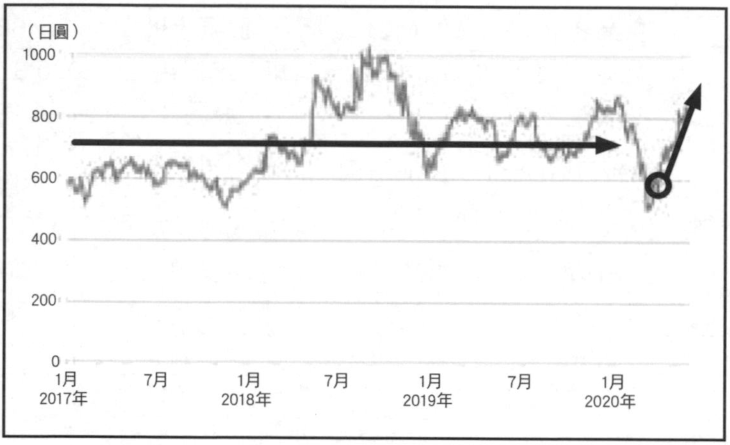

自2017年起的近三年間，股價呈現持平走勢。
不過，在這段期間當中，公司業績表現亮眼，EPS從51.7日圓（2017.3）來到76.7日圓，增加了1.5倍。
我在這檔個股受疫情影響下跌時積極買進，
後來股價走勢發展非常順利。

第四章

VE投資的五大原則

「會拿分老師，我有一個問題。想靠VE投資法成功獲利，需要具備什麼條件？」

在本章當中，我想來回答這個疑問。如前所述，追求一〇％、二〇％的漲幅，會被誤差掩蓋，到頭來各位恐怕會連自己在做什麼都搞不清楚。希望各位至少要以漲幅一〇〇％為目標，也就是要有翻倍成長的表現。

要看到獲利翻倍成長，當然不能奢望在一、兩個月內就達成——這種情況偶爾會出現，但基本上持股期間還是要預設為三到五年。

VE投資法的大前提，是要賺到翻倍獲利，時間軸設定三到五年。

原則一 只買獲利至少有望翻倍的個股

把投資股票的獲利成長因素，聚焦在「企業獲利成長」和「股價偏低狀況解除」，並從這兩個方向做出合理的計算，讓自己只買獲利至少有望翻倍的個股。

舉例來說，假如有一檔年成長率可望達到一〇%的個股，PER是十倍。要是持有這檔股票四年，那麼獲利就可望成長一・一×一・一×一・一×一・一＝一・四六倍。

此外，遇有這種前景樂觀的個股時，「PER十倍」的評價未免太低，至少給個接近上市公司平均值，也就是將近十五倍的評價也無妨。如果股價偏低狀況解除，那麼就有機會賺15÷10＝一・五倍。

也就是說，「企業獲利成長」和「股價偏低狀況解除」加起來，就可算出：

上漲期待值＝（四年份的企業獲利成長）1.46×（股價偏低狀況解除）1.5＝二・二倍。

當這個數字超過兩倍時，該檔個股就符合選股標準。

原則二 三到五年長期持有

於此同時，各位也別忘了要把投資時間軸設定為三到五年。企業成長畢竟還是需要時間，而要翻轉群眾所給的低評價，也需要時間。

我常看到有人會在買股之後，就拚命去社群網站或討論區留言，幫個股衝人氣。我無意剝奪個人表達意見的自由，不過這顯然是投資人希望個股早日上漲的心情，變成了一股焦慮。到頭來，當這些人知道自己做的努力都是枉然之後，心態就會想轉趨放棄，出清持股。

打從一開始就懷抱「反正暫時漲不了」的心態，下定長期持股的決心，是很重要的投資心法。如果過了一年、兩年，股價都還是不漲，就表示個股持續處在「❸EPS↑、股價→」的狀態，價值還會再上揚，各位持有的，是會讓人越抱越划算的個股。換言之，如果企業業績表現良好，投資人絕對要避免只因為「漲不動」就賣股。

不過，倒也不是每檔股票都要長抱三到五年才行。**如果運氣夠好，股價只花了半年左右就達到目標，當然可以盡早脫手無妨。倘若個股股價偏低的狀況解除，甚至還反映了公司好幾年份的成長，那麼接下來可以期待的買盤，就只有看重價量氣勢的動能型投資人，或是所有個股都買的指數型投資人而已。只要再用心找一找，應該可以發現其他更好的個股才對。**

反之，我也不是要求各位到了三、五年就非賣不可。如果各位的投資標的已經培養出了競爭力，前景會越來越樂觀的話，那麼持股幾年都無妨。

別看眼前的小起伏，多望遠方的高山

「會翻倍漲欸！要是這麼有賺頭的話，我當然很高興。可是，我真的能找到這種飆股嗎？」

請各位不必擔心。各位只要上雅虎財經等網站，**多查一查各種企業過去近十年的股價走勢就好。股價一起漲，三到五年內就能翻倍的個股，股市裡要找多得是；要找到股價一飛衝天，翻漲十倍的個股，應該也很容易。我希望各位能清楚地明白這一點：所謂的股票，價格行情就是會有這麼大的變動。**

要找過去大漲的個股很容易，而當焦點轉到未來時，選股難度就驟升——這又是為什麼呢？

其中一個原因，是因為一旦持有股票，我們的注意力就會放在每天的變化或短期的外在環境上，例如「今天漲了多少？」「匯市今天波動很大」等的緣故。就長線來看，這些變動絕大多數都只是雜音而已。倘若各位的注意力分散到這些事情上，反而會忽略一些真正該看到的事物。

高明的短線投機客和股票作手，就在等著各位心急、焦躁。這樣一來，他們就能輕而易舉地把各位當冤大頭宰割。

我們要像展望遠方的高山那樣，注意力不能被眼前小小的下坡或叉路吸引。「投資時間軸要設定在三到五年」指的就是這個道理。

寫出來很容易，各位也都能明白這個道理，但要做到真的很難。因此，我要先請各位讀我以前寫在部落格上的一篇文章（部分內容經過修正）。

用這樣的概念，朝一億圓邁進

何謂長期投資？在此，我為那些難以想像何謂長期投資的讀者，準備了兩套人生劇本，請各位不吝參考。

第一套劇本，主角是個打拚了一輩子的上班族。他買了房子，和一般人一樣辛苦了大半輩子，但過著還算幸福的人生——這其實就是現在的你。

第二套劇本，是主角偶然在三十二歲時，讀到了這本書，放棄了當時原本打算要花三百萬日圓買的全新休旅車，轉而屈就一百萬的中古車，並且拿出剩下的兩百萬，展開長期投資的人生旅途（除此之外，其他設定都和第一套劇本相同）。

三十二歲的你，試著找出我所說的那種「能在三到五年內翻漲兩、三倍」的個股。儘管對產業現況不是那麼了解，但你還是挑出了資訊業界的標的，像是AI、5G和量子電腦等，都是在未來三到五年內，很可能會出現鉅變的領域。接著你又查了幾檔個股，找到了一檔PER約十四倍，並將「獲利年成長率約二〇％」列入中期經營計劃的個股。

若以四年時間來看，獲利年成長率二〇％，大概就是一・二×一・二×一・二×一・二≒兩倍。這樣的成長企業，PER才十四倍，還稱得上是偏低水準。如果這家公司真的能連續四年都成長二〇％，就很有機會期待市場對它的評價改觀，在PER達二十一倍前都願意持買進態度。換句話說，如果運氣夠好，你甚至有機會因為市場修正對個股的評價，獲利再乘一・五倍，也就是讓資金翻漲成三倍。你心想：「好！那就買進這一檔」。

同樣的，你又再動手查了一下，發現一檔年成長率可望達到一〇％，但PER只有六倍的相對低檔個股。這檔個股配息率有二%，所以可望用「成長率一〇%＋配息率二%＝年成長率一二%」的速度，為你增加資產。仔細算一算，四年下來粗估資產可望翻漲一・五倍。況且PER六倍實在很低，只要一有機會反彈修正，PER到十二倍也不為過。企業獲利成長一・五倍×股價偏低狀況解除兩倍＝資金可望翻漲三倍。你又決定「這檔也買進」。

你還發現另一檔個股的成長力道非常強勁，年成長率可望達到三〇%。目前PER二十五倍，看似處於偏高水準，但仔細一算，如果它真的每年成長三〇%，那麼四年下來，粗估資金就能翻漲成三倍。於是你決定「這檔也買進」。

就這樣，你從「成長＋股價偏低」的觀點，買進了五檔在三到五年內可望翻漲兩、三倍的個股，接著就帶著太太和兩歲小孩，過著幸福的日子。

過了四年，你來到三十六歲，家裡又多了一個小孩，成了一家四口。因為老大準備讀小學，所以你找出了證券帳戶來確認——有些個股真的一如預期，翻漲了兩、三倍，有些個股卻辜負了你的期待，股價紋風不動。不過，當初你覺得「PER二十五倍其實有點高……」但還是買進的第三檔股票，竟超乎想像的大漲，股價翻漲了五倍。受惠於這檔個股的漲勢，你的資產一如預期，翻漲了二・五倍，變成了五百萬日圓。「雖然離一億還很遠……不過好歹也賺了三百萬，真走運！」你還在這時處分掉一些持股，再循四年前的那一套心法，調整持股。「我要用這次的投資組合，把資產變成兩、三倍！」

又過了四年，四十歲的你，辦房貸買了房子，兩個小孩分別就讀小學四年級和一年級，一家過著和樂融融的日子。你打開證券帳戶一看，發現持股還是有漲有跌，但整體來看，你的資產又增加了二．五倍，達到一二五〇萬。驀然回首，這八年彷彿一轉眼就過去了。「幸好當時決定放棄新車，買輛二手車開開就好。它讓我多賺了一千萬！」

四年後，四十四歲的你，小孩一個讀國二，一個讀小五，兩個孩子讓你過著忙碌的日子。有一天，同事找你發牢騷，說：「我家有兩個小孩，公司這點薪水，說少不少，但手頭實在很難寬裕啊⋯⋯」你嘴上說著「對、對啊」，內心卻在竊喜：「我可是坐擁超過三千萬的資產啊！」

到了這個階段，投資股票簡直是有趣至極。拚命找股、選股，已成了你的興趣。你甚至心想：「莫非我也能當個『億』萬富翁？」

十八年後，年近半百的你，成就了自己的夢想，對自己說：「我還真的賺了一億欸！」這時老大上了大學，老二還是考生，是家庭開銷最多的時期，但你完全不以為意，就連退休後的生活也不用擔心——一億日圓可是很有威力的。

「（這幾年也曾避開旺季，精打細算的找了中上水準的飯店，到夏威夷、關島等地旅遊）這次就犒賞一下太太，到歐洲奢侈一下吧？反正光是配息就有兩百五十萬了。」同事也對你的改變大感詫異，開口問：「你怎麼這麼有錢啊？」

「沒什麼，就買了一點股票……」你答道。

怎麼樣？第二套劇本的發展，看起來還不錯吧？

目標最好是伸手好像摸得到，卻又抓不著

各位都看到「懷抱願景」有多重要了吧？前面這個故事，強調的是「金融資產一億日圓」的願景。光是日復一日地過著平凡的日子，這種程度的願景絕對不會實現。但在股市當中，不管是社群網站、討論區或雜誌等，我們常常都看得到諸如此類的故事。根據野村綜合研究所的公布的調查指出，二〇一七年時，日本約有一百二十七萬戶擁有超過一億日圓的金融資產，約佔人口總數的二・三％。這些人被稱為富裕階層。

我無意要求每位讀者都以「賺一億日圓為目標」。各位應該都有自己的長期願景，例如「先賺個一千萬」，也是個不錯的想法。不過，設定目標的關鍵，在於「設定得稍高一點」。VE投資法是讓各位致富的一套投資方法，目標設定在「好像摸得到，卻又抓不著」，應該就是最合適的規模。

若能設定夠長的時間軸，讓投資股票像司機開車一樣，成為很自然的、日常的存在，那麼即使是當初認為難度稍高的目標，驀然回首，很多人都會發現自己其實已經順利達陣——大概就像是「莫非我也能當個『億』萬富翁？」之類的感覺。只不過，這個目標不是一、兩年就能達成，而是以十年、二十年為單位。

原則三　集中操作五到十檔個股

在剛才的故事當中，這個爸爸採取的是精兵政策，把資金集中投入他精挑細選的五檔個股，最後創造出了一億日圓的財富。**華倫・巴菲特（Warren Buffett）和彼得・林區（Peter Lynch）等知名投資大師，也都一致強調集中投資五到十檔個股的重要性。剛好我也是採取「精選五到七檔個股」的投資型態，這一路走來，的確成功地累積**

了一些財富。

只操作一、兩檔，風險恐怕太高；但操作五十檔、一百檔，好像又太分散，無法一一關照周全。況且就算當中有一檔大飆股，也會因為其他個股扯後腿，而無法順利累積財富。既集中、又分散，這才是VE投資的精髓所在。

資金有限時，先以集中為優先，放棄分散

「會拿分老師，我有問題。我現在手頭只有三十萬日圓的資金，這樣還要分散投資五到十檔個股嗎？」

雖然已行筆至此，但對於大家尊稱我為老師，還是感到有些彆扭。儘管再怎麼彆扭，但對我來說，會拿分老師既可說是我，也可以說不是我。它是我在部落格和書籍當中，精心打造的一個理想投資人

形象。現實世界的我，可沒有那沒那麼出神入化——我就只是個平凡的上班族，一路搜索枯腸、殫精竭慮地投資股票三十年。

我常迷惘困惑、也常得意忘形，更屢戰屢敗，還曾一次又一次地閱讀可能有幫助的書，每次都會心想「原來如此！應該這樣才對啦！」然後再繼續努力。那些「應該這樣才對啦！」的理想形象，就是會拿分老師。希望各位也能這樣看待這個角色。

回到前面的問題。我在回答讀者問題時，總會以「如果會拿分老師被問到這個問題，他會怎麼回答？」的心態，稍加思考，也查查資料，然後就會找出像以下這樣的答案：

資金有限時，投資人要先以集中為優先，放棄分散，**因為分散是一種「保守」的策略。對於已經成功致富的資產家而言，這是一個非常重要的概念。可是，在欠缺資金的挑戰階段，單點突破也是一個**

不得已的選擇。當缺乏戰力，無法全面開戰時，歷史上的英雄人物個個都是優先進攻，而不是採取守勢。就像在桶狹間一役當中，織田信長帶著少數精兵，直搗敵營黃龍那樣。各位也要用自己精挑細選出來的、最有信心的一檔個股，尋求單點突破的機會。

對現在的你來說，三十萬或許是一筆大錢。倘若它是一筆閒置資產，那麼在漫長的人生當中，這筆錢有或沒有，其實都沒有太大差別。要是投資失利，各位不妨就當作是出國去玩了一趟，卻碰上了暴風雨，整趟行程都被吹亂，搞得人仰馬翻的回來就行了。

原則四 只投資前景樂觀的企業

巴菲特曾說：「事業如果發展得好，股價自然就會跟上來」。

很多人都認為巴菲特是價值投資大師，但仔細查過他的背景之後，就會發現他其實也是成長投資法的信徒。他認為成長投資法其實就是價值投資法，重要的是適度買進成長企業的股票。

說穿了，股價會不會上漲，終究還是要看事業發展得好不好——我個人對價值投資下過很多功夫鑽研，也實際身體力行。而這個想法，的確是一年比一年更強烈。

市場高度肯定「成長」，排斥「停滯」。在資本主義社會當中，成長才是絕對的「善」，眾人也對「股市是推動全球成長的機制」深信不疑。只要這個秩序不瓦解，那麼即使是價值投資，也不能忽視成長投資的要素。企業股價嚴重偏低，又具備十足的成長因素時，兩者交互作用之下，個股才能贏得市場的肯定。

遇到混亂期，就重新研擬VE投資一覽表

如此一來，投資人勢必要重新研擬一份VE投資一覽表。換言之，唯有「EPS變化」欄位箭頭呈「↑」的❷、❸、❹，才會列為我們的投資選項；❶和❺最好暫時擱置。

不過，雖然乍看之下就只是「❶」和「❺」，但說不定經營者其實已經在設法重新整頓公司，全力推動結構改革。如果結構改革成功，市場對這檔個股的評價就會由負轉正，況且EPS還會快速回升，將成為一檔超乎想像的大飆股。

我這裡介紹一個選股的竅門：當股市行情混亂、暴跌，或大幅修正時，各位最好直接從❷、❸、❹下手去找股價偏低的成長股。因為平常股價高不可攀的那些實力股，會在這種時候過度反應市場行情而超跌，是我們能用超乎想像的低價，進場撿便宜的好時機。另一方面，當股市行情穩定時，成長企業的股價就會步步攀升，想用偏低價

圖表4-1　市場混亂期的選股範圍

	❶	❷	❸	❹	❺
EPS的變化	→	↑	↑	↑↑	↓
股價變化	↓	↓	→	↑	↓↓
預估PER					

股市行情混亂時，最好直接從VE價值一覽表的❷、❸、❹，下手去找股價偏低的成長股。因為平常股價高不可攀的那些實力股，在這種時候，是我們能用超乎想像的驚人低價，進場撿便宜的好時機。另一方面，當股市行情穩定時，想用偏低價格買到成長股的機會將越來越少。此時，❶到❺就不必再多做區分，下足功夫仔細查找資料，才是最有效的方法。

格買股的機會將越來越少。此時，❶到❺就不必再多做區分，下足功夫仔細查找資料，才是最有效的方法。

在市場行情混亂期當中，集中火力用❷、❸、❹去挑選出來的個股，即使日後股價上漲，股價偏低的狀況漸獲改善，但整體經濟穩定下來之後，有些個股的獲利成長，有時會出現超乎期待的成績。此時，因為各位對持股的企業已有相當深入的了解，所以與其胡亂買進不熟悉的個股，還不如長抱現有的股票，更能妥善因應各種不同的風險。因此，各位不妨盡可能長抱那些已很熟悉、深得你心的個股，於此同時，如果能找到更值得期待的冷門成長股或業績回升股，再賣掉部分持股，改換到新標的——這種投資策略，效益更佳。

原則五　找出可能成為「加贈點數」的題材

價值投資人最該留意的，就是等再久股價都不漲，人稱「價值陷阱」的現象。因此，各位要祭出的第一道防線，就是VE投資原則一「只買獲利至少有望翻倍，股價嚴重偏低的個股」；第二步則是要祭出VE投資原則四，也就是「只投資前景樂觀的企業」。不過，最好再有個致命一擊。

我們希望能再多一個額外的利多題材，例如「最近開始發展的新事業，逐漸受到各界矚目」，或是「海外事業發展了三年，今年似乎總算可以貢獻收益了」。我希望請各位找到的，是這些額外利多不必往更好的方向發展，就可獲利翻倍，倘若這個利多再發酵，漲個三、五倍都不是夢的個股。我把這種有望成長的金雞蛋，當作是商家的「加贈點數」來看待，並把我對個股的評價拉高一級。

各位應已如同我在第三章所說，於第一階段評選時，多挑了幾檔候選股，打算於第二階段時，再篩選出最值得期待的個股。假設這時留下了兩檔難分軒輊的個股，當然兩檔都買也無妨，但在缺乏充裕資金的情況下，用這個「加贈點數」的差異來做最後決定，也不失為一個好方法。

短線投機客追捧的題材會退場

有一點要請各位特別留意的是，這裡所談的「題材」，並不是那些符合當下主流、短線投機客追捧炒作的主題。我個人幾乎不曾聽說過有哪一檔個股，可以光**靠這樣的題材，在短期內吸引買盤湧入，日後企業真能順利成長茁壯的案例**。不管是生技新創公司推出足以改變世界的新藥，還是無人機、3D列印等令人耳目一新的海外科技，甚至是和國際級大企業談業務合作等，往往都是仔細一查就知道沒什麼大不了的事，卻能在市場上吵得沸沸揚揚，拚命製造多頭氣氛，但過了之後就像什麼事都沒發生似的，被世人遺忘。

這裡所說的，並不是那樣的題材，而是具事業發展性的、會成長的金雞蛋。

我將以上的VE投資五大原則，匯整如圖表4－2。

圖表4-2 VE投資五大原則

原則一 只買獲利至少有望翻倍的個股

原則二 三到五年長期持有

原則三 集中操作五到十檔個股

原則四 只投資前景樂觀的企業

原則五 找出可能成為「加贈點數」的題材

第五章

VE投資的成功與失敗

——從實務中學會的訣竅與教訓

前面介紹的ＶＥ投資法概要，各位是否都已經了解了呢？或許有些對投資理財知之甚詳的讀者，會擔心「欸？還有那個論點還沒談吧……？」

然而，請各位回想一下小時候學音樂時的情景：各位剛接觸音樂時，都是一下子就從精通五線譜開始學起嗎？

當然不是。應該是先唱唱歌、玩玩樂器，學會Do RE Mi Fa So，之後才學升降記號等詳細內容才對。

突然聽到一大串複雜的內容，人的大腦根本無法接受，所以順序非常重要。要先對Do RE Mi Fa So有一番完整的了解，接著再教升、降記號，才有辦法吸收；突然深入地教起Do、升Do（降Re）、RE、升Re（降Mi）、Mi、Fa……，恐怕會讓人一頭霧水。

因此，本書在編排上，也選擇先從概要開始談起，再逐步深入細節。投資股票要從實務中學習，最能快速心領神會，就像要邊玩樂器或唱歌，才能學好音樂一樣。

所以，在本章當中，我要介紹我個人親身體驗的實務案例，並藉由這些經驗分享，說明ＶＥ投資的幾個重點。

成功案例①

DVx 超級小型股，超級大價值

二〇〇八年九月時，爆發了金融海嘯，股市深受重創、滿目瘡痍。尤其小型股更是哀鴻遍野，優質成長股的PER甚至遠低於十倍，股價掛出驚人的跳樓拍賣價。

經營心律調節器等醫療儀器銷售業務的DVx，當時也是這樣的跳樓大拍賣股之一。我靠著操作這一檔個股，就成功讓資金翻漲十倍（圖表5－1）。

當時DVx的企業預估PER，其實是低於五倍的數字。然而，公司的業績表現卻相當亮眼。

圖表5－2是當時附在財報說明資料裡的營收走勢圖。DVx自

圖表5-1　DVx的股票買進與賣出

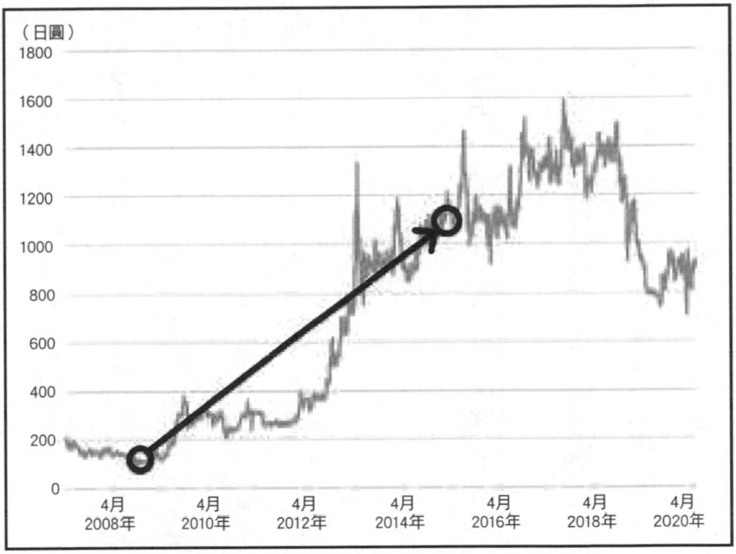

當年我積極買進才剛在JASDAQ掛牌上市，總市值僅12億日圓的超級小型股DVx。

這家企業的經營穩健踏實，業績一路攀升，到二〇一四年九月，我看著它登上東證一部市場之後，才出清持股，獲利十倍！也就是一檔俗稱的「十倍飆股」。

創設迄今，二十多年來幾乎都是持續營收、獲利雙成長的局面。如此傑出的成長企業，股價卻這麼低，實在是太不合理了。若以VE投資基準來分析，會呈現如圖表5-3的情況。

我在雜誌和部落格上分享了這個投資案例之後，有讀者回饋了意見，說「二〇〇八年竟然有過這麼誇張的事啊！我也好想在那個時代投資股票喔……」其實在新冠病毒的疫情影響下，二〇二〇年三月也曾出現過同樣的狀況。不知道各位是否撿到寶了呢？

短線投機炒作的流行，造成股價扭曲

小型成長股會淪落到像當年這樣跳樓大拍賣的行情，原因其實不只有金融海嘯。難以受到眾人評價的小型股，往往深受時局或流行投資手法的影響。例如當年由於「網際網路將改變世界」的風潮在社

圖表5-2　DVx的營收推移

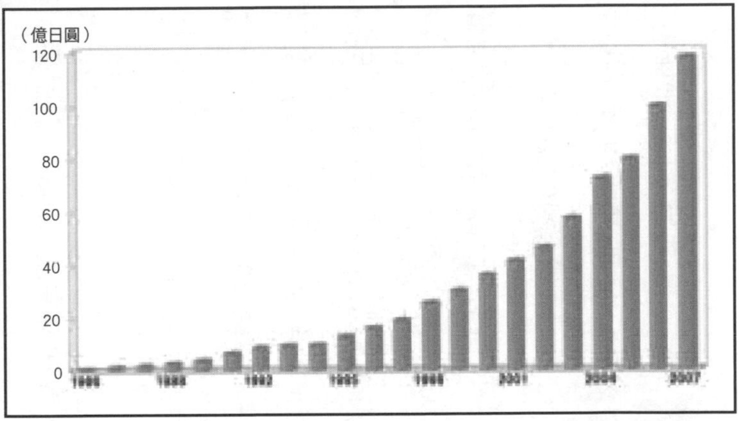

節錄自DVx官方網站〈2008年3月期財報說明資料〉

圖表5-3　DVx的VE投資一覽表

	❶	❷	❸	❹	❺
EPS的變化	→	↑	↑	↑↑	↓
股價變化	↓	↓	→	↑	↓↓
預估PER		4.8			

會上成為顯學，有些只有夢想，連獲利都沒有的網路概念股，股價被炒到離譜的天價水準；線型理論紅透半邊天時，市場上到處亮起「晨星」、「三尊頭」等經典的漲跌訊號，每次都反覆上演暴漲、暴跌的戲碼。

二〇〇八年時流行炒短線，這些投機客很落實貫徹「股價跌一〇％就賣掉」的停損守則。然而，有人就鎖定了這種停損觀念，開發出刻意打壓股價，再賣空大賺的全新操作手法，並在市場上傳開，也就是所謂的「割韭菜」。大型股很難這樣操縱行情漲跌，但成交量低的小型股，其實不必準備太多資金，就能輕鬆地操縱股價。當年的金融監理還不嚴謹，市場上到處充斥著這種可疑的漲跌，眾人的雪亮雙眼和市場秩序，皆已蕩然無存。

回過神來，我才發現自己已經多次在部落格「會拿分先生的梨子樹」上，以這些小型股的亂象為題，發文呼籲投資大眾要正派操作。

其實我在大學時，加入過當年大力推動證券市場建置的已故教授——蠟山昌一老師的研究室。老師教了我很多重要的觀念，例如「建置完善的證券市場，是讓日本經濟起飛的關鍵」、「大眾要對企業做出正確的評價，市場才能發揮功能，所以要讓更多人學會投資的基本常識」等等。

然而，當時我發現市場竟已違背這幾項原則，往異常的方向暴衝。我心中那股「要設法做點什麼才行」的念頭越來越強烈，終於在這一年的五月，開設了一個談投資理財的部落格。

相較於如何在股海發大財，我其實對推廣正確投資理財知識更有興趣——蠟山老師當年致力推動JASDAQ等新興市場的建置，而我想實現他的遺願。然而，要是我在股市輸得一敗塗地，那麼談投資就太沒有說服力了。於是我在開設部落格之後，更認真地鑽研投資。結果，老天爺給了我好幾億日圓的回報。

調查成長結構

話題再回到DVx。當時正值金融海嘯，不景氣在全球蔓延，很難出手買進那些容易受到景氣影響的個股。因此，我從滿地低價無人聞問的便宜小型股當中，注意到了需求穩定的醫療類股，並逐一反覆調查的結果，才有緣買到了這檔個股。

DVx的創辦人若林誠先生當初赤手空拳地成立了這家公司，拚了命的銷售醫療儀器和相關產品，是一位業務型的人物。其實我年輕時也曾在公司的新事業部門，負責業務開發的工作多年。我深知一邊向客戶介紹新觀念，一邊推銷新商品的業務開發，是相當勞心勞力的工作，但只要成功賣出一次，後續就能暫時享有優先銷售的權利。

所以，儘管行業不同，但我很能想像這家公司所發展的醫療儀器開發銷售事業。當時他們還是一家小公司，以擴大銷售據點到日本全國各地，作為提升營業額的策略。早期麥當勞、7-Eleven、優衣庫、宜得利等，都是在將銷售據點拓展到全國各地的過程中，企業整體快速成長，股價也隨之飆漲。

分析成長股時，最重要的就是了解該檔個股的成長結構。而最可靠的成長結構，莫過於拓展銷售據點——因為全世界的均一化、同質化，就是這樣發展出來的。

我在一〇〇日圓（中間因為辦理過股票分割，故依二〇二〇年五月底時的股價為基準修正）左右的價位開始積極買進，之後就長期持有。股東每天都會收到一本書，內容是請公司業務員談工作甘苦。讀了這本書之後，就能更了解這家公司的事業結構，也讓能讓人繼續放心持有。

上漲逾十倍後賣出

ＤＶｘ原本是在新興市場JASDAQ掛牌，直到二〇一四年九月正式晉升為東證一部上市公司，躋身一流企業之列。ＥＰＳ則從二〇〇九年三月期的二五・四日圓，經過六年後，也就是在二〇一五年三月期時，交出了八一・六日圓的好成績，成長了三・二倍之多；ＰＥＲ更從五倍左右這種低得誇張的水準，反彈到符合大盤平均的十六倍上下，因此股價大漲逾十倍。我研判這檔個股終於回到合理的股價表現，便決定在此時賣出。

圖表5-4　DVx的VE投資分析

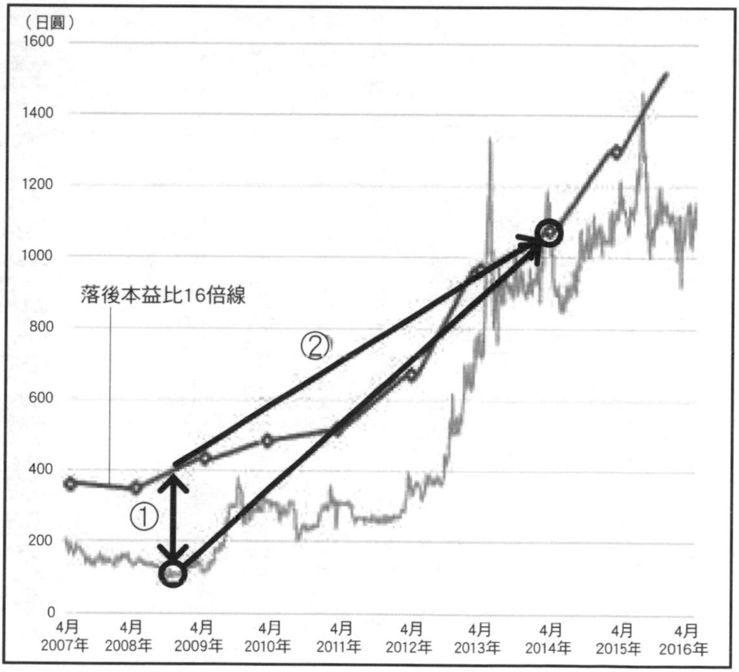

①根據VE投資基準，我進場時的股價是100圓，預估內在價值有350圓以上，所以光是這樣，就有機會搶賺3.5倍的獲利。

②再加上我持有期間，EPS從25.4日圓漲到81.6日圓，成長逾三倍。

①和②加起來，讓我花五年就大賺10倍。

成功案例②

威爾集團 景氣升溫期要押寶景氣循環股

賣掉DVx之後，我手上有了比較大筆的資金，於是便翻開公司四季報，想從中找出下一個投資標的。還記得那一年是二〇一五年，二〇一三年啟動的安倍經濟學，已經有了相當顯著的成果，日本國內的景氣也逐步回溫。如此一來，像DVx這樣的防禦性個股，就不如從易受景氣影響的景氣循環股（Cyclical Stock）當中，找一些值得期待的個股了。於是我調整選股主軸，找到了一家新興的人力派遣公司——威爾集團（WILL GROUP）。

請各位先看一下圖表5－5的這張線型走勢。二〇一三年十二月十九日掛牌上市後，威爾的收盤價是三三二日圓（中間因為辦理過股

圖表5-5　威爾集團的股票買進與賣出

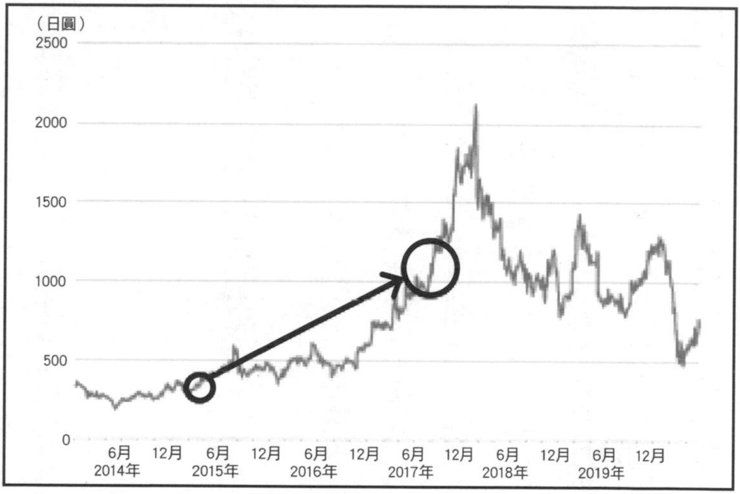

很多新興企業的股票，股價都是在上市後先重挫，再大幅回彈。我把這樣的現象稱為「J型彎上漲」當年威爾集團也是在掛牌後重挫，後來才出現反彈上漲的徵兆。我在300圓前後買進了這檔個股，到1000圓前後才全部出清，三倍獲利入袋。

圖表5-6　威爾集團的VE投資一覽表

	❶	❷	❸	❹	❺
EPS的變化	→	↑	↑	↑↑	↓
股價變化	↓	↓	→	↑	↓↓
預估PER		4.8	10		

票分割，故依二〇二〇年五月底時的股價為基準修正）。之後就一路走跌，直到跌破二〇〇日圓時才觸底反彈。我在二〇一五年二月左右開始買進這檔個股，平均買進價格大概是在三二〇圓左右。

上市後先蹲再跳的大飆股

以往，我看過好多個股都是在掛牌後先下跌，接著再翻揚上漲，變身成為大飆股。企業在掛牌上市時，因為許多媒體會介紹上市新股，故在短期內會廣受市場矚目，但之後就會逐漸被投資人疑忘。

另一方面，新股掛牌一段時間之後，對上市前原始股東所設定的轉讓限制解禁，不受歡迎的個股就會被大量拋售，股價也只能跟著應聲下挫。即使經營者再怎麼努力，個股評價還是不穩定，甚至網路上還會開始充斥「真不應該買這種爛股」、「經營者無能！」、「公司快想辦法救股價！」等仇恨留言，於是散戶也對跌跌不休的個股心寒，跟著拋售股票，更加速個股的跌勢。

到這個局面，就是我這種價值投資人上場的時候了。這時股價已逐漸打底，並開始翻轉向上。到了我打算買進的二〇一五年二月時，威爾集團已從原本的東證二部，改掛東證一部上市。起初雖然漲過一波，但後來股價又開始停滯整理，頗有利多出盡的態勢。當時的預估EPS是三十日圓左右，所以預估PER大概是十倍。另一方面，由於人力短缺的問題日益嚴重，一般預估人才派遣業應該會持續處於營收旺、獲利也旺的環境。

先少量買進，以便在股東會提問

不過，掛牌才約兩年的個股，資訊畢竟還是太少。於是我又持續蒐集和分析資料，發現以往的收益趨勢正在快速成長，而今後企業人手不足的情況也將持續下去。此外，我也感受到周遭有打算「在這家公司待一輩子」的社會新鮮人越來越少。優秀員工成為各家業者爭搶的對象，「在轉職市場找尋公司需求人才」的風潮日益鮮明。

我的直覺告訴我「這檔股票要買」，卻一直沒有確切的把握。於是我決定先少量持有，設法參加一次股東大會。

股東會當天，我上午請了半天假，親自去了會場一趟。我很佩服他們的年輕員工都能充滿活力地招呼、問候，隨即就愛上了這家企業有如運動社團似的氣氛——威爾果然不愧是人力派遣公司，讓人切身感受到這是一家以人為本的企業。在台上報告的，是和我年齡相仿的池田良介總經理（現為董事長）。他渾身充滿自信，而從他的說明當中，也可以感受到公司當前的事業環境相當風生水起。

我試探性地問：「目前哪一種工作的人力派遣業務最旺？」受限於保密義務的關係，在此無法詳細轉述，不過他們的回答，讓我大致掌握到了一個方向，心中暗忖：「原來如此。這家公司的業務量應該還會再增加。」我人還在股東會現場，就開始下單買股，前後花了大概一個月的時間，讓持股數量加碼到無法一口氣全部出脫的程度。

賺三倍就逐步獲利了結，避免流動性風險

後來，威爾集團的業績蒸蒸日上，ＥＰＳ從原本的二九・〇日圓（二〇一五年三月期），隔年成長到三六・四，再下一年又成長到五四・二日圓，等於才花了兩年的時間，就成長了八六％。同時，市場上對於這檔個股的評價也調升，ＰＥＲ從原本的十倍左右來到二十

倍，上升到符合潛力股該有的水準。就行情而言應該還有漲勢可期，但我在股價漲到超過買進價格的三倍之後，便開始逐步賣出持股，獲利了結——畢竟威爾集團的股價漲了這麼多，卻還是一檔總市值不到兩百億的中小型個股，我可不願意在它開始回跌的時候，才煩惱想賣卻賣不掉。

人力派遣公司是最典型的景氣循環股，當景氣變差時，失業率會瞬間攀升，約滿不再續約的派遣人力也將大增。我曾在金融海嘯時體會過它的可怕，便決定趁景氣尚佳時出清這檔個股。

這裡我想說明一下「流動性風險」的概念。所謂的流動性風險，就是個股單日的成交量相當低，投資人想賣出手中持股卻賣不掉的風險。在總市值低於三百億日圓的小型股當中，有很多成交量偏低的個股。而二〇〇八年下半年，DVx的單日成交量，幾乎天天都不到一千股。

很多投資人不喜歡操作這樣的小型股。例如手握龐大資金的法人，就對這種個股不理不睬；以「隨時都能自由買賣」為選股前提的短線投機客，也不碰這種個股。於是許多小型股就一直處於低價狀態，無人聞問，而這正是我們求之不得的好機會。對於小額買賣、把投資當怡情養性的散戶而言，不算是太大的風險。

如果各位的投資預算低於一千萬日圓，並假設各位投資五到十檔個股，那麼平均每一檔可投入的資金就是一至兩百萬。以這樣的資金水準而言，即使成交量稍低一點，也算不上是太大的問題。如果各位從一開盤就把持股全都掛市價賣出，或許會拉低當天股價；若能分次下單，每筆交易皆少量、適度賣出，就能在不影響行情的情況下，讓交易順利成立。

有把握的小型股，就加碼買到「無法一口氣全部出脫」

另一方面，小型股其實是很有夢想的。總市值一兆日圓的企業成長到十兆日圓的案例，坦白說相當罕見；但總市值五〇億日圓的企業成長到五百億規模的案例，還算是頗常出現。所以想買大飆股，就要從小型股當中去找。法人或短線投機客看不上眼的個股，我們散戶更要培養正確的選股眼光，成為這些個股的主力大戶。

附帶一提，當我對個股發展很有把握時，就會積極買進到無法一口氣全部出脫的地步，連單日成交量只有幾千股的小型股，我都會加碼到幾萬股的水準。如此一來，我就能下定決心，要求自己「這家公司成功之前，我絕不賣股！」**等股價漲得夠多，成交量夠大，法人和短線投機客就會聞風而至，我再賣給他們即可**。到時候就能不必在意成交量多寡，自在地賣出持股了。

成功案例③

索尼　精準預測大復活

股市崩跌時，就是投資人進場撿便宜、買好股的一大良機。個股股價行情會相互連動，但公司業績並不會彼此連動。每家企業本來就有不同的面向、特質，共同營造出充滿多樣性的市場。但最近越來越多投資人選擇忽略這些特質上的差異，整批打包買賣所有個股。

其中最具代表性的，就是指數投資人、被稱為是全球宏觀（Global Macro）的大型避險基金、日本央行等。這些投資人在市場占比尚低時，倒還無傷大雅，可是近年來，這些投資人在市場上的占比，已經上升到不容小覷的地步。

圖表5-7　本田、塩野義製藥、鹿島和索尼的六個月股價走勢圖

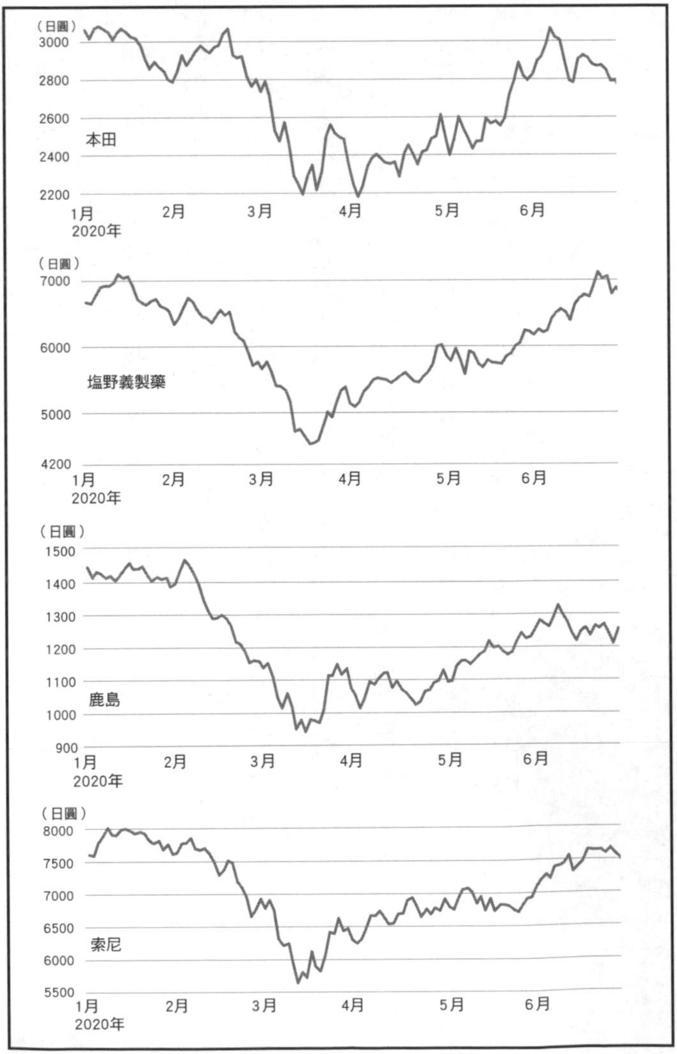

圖表5－7的這張走勢圖是二〇二〇年一到六月底，本田汽車、塩野義製藥、鹿島建設、索尼的股價走勢。如果我隱去公司名稱，各位恐怕無法正確地說出何者是本田，哪一張圖是塩野義吧？這就是所謂的連動。只不過這一波連動，是以包括瞬間重挫在內的六個月為單位，才會出現這樣的走勢。

在重挫局面下，個股無法突顯特質；大盤恢復秩序後，個股特質就會浮現

如果我們以五年、十年的長線來比較，不同企業的走勢圖，不會呈現這種如出一轍的走勢。等大盤恢復秩序後，個股股價的走勢連動現象就會逐漸解除，重新展現出個股的特性。圖表5－8是這四檔個股過去十年的股價走勢圖。

圖表5-8　本田、塩野義製藥、鹿島和索尼的十年股價走勢圖

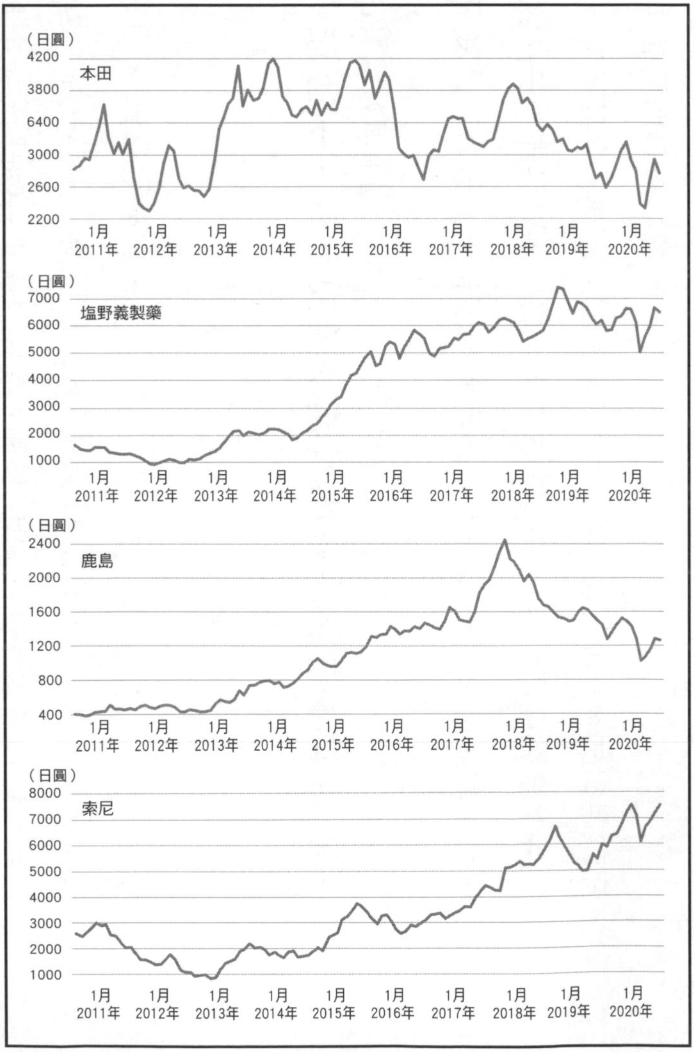

從圖中可以看出，優質企業的股價走勢會一路走揚，其他企業則會持平或逐步向下。因此，我們只要平時仔細觀察，找出那些傲視群倫的成長企業，並長期持有，且在個股行情相互連動大跌、重挫局面時，積極買進即可。

四種未來預測類型與VE投資

不過，在重挫局面下，以往設定的前提條件已嚴重瓦解（所以才重挫），單純的趨勢分析已不足以應付——畢竟我們可能面對「既往的成長企業，今後不見得仍會成長」的風險。因此，這裡要考驗的，就是你我預測未來的能力了。

要預測未來，就要先將事物分成以下這四大類：

(a)可預測領域（例：高齡化社會）

(b)可以情境分析來因應的領域（例：後疫情時代、ＡＩ普及的未來）

(c)可以趨勢分析來因應的領域（例：成長企業近期業績、品牌知名度趨勢）

(d)無法預測領域（例：火山爆發、大規模恐怖攻擊事件）

看在未來學者眼中，其實火山爆發和大規模恐怖攻擊事件，都算是情境分析的範疇——會發生什麼事，其實都可以預測，但究竟是什麼時候，會發生在哪裡，發生的規模如何，我們無從得知。這樣的事項，我們要透過情境分析的方式，事先評估因應之道。

然而，對股市的投資人而言，因為這些事件發生的頻率都太低，所以把它們歸類到「(d)無法預測領域」也無妨。在股市當中，我們借用前金融操盤手納西姆．尼可拉斯．塔雷伯（Nassim Nicholas Taleb）的作品名稱，把那些發生機率極低，但發生時會帶來巨大衝擊的事件，稱之為「黑天鵝」（black swan）。

該關注的是「變化」，而非「秩序瓦解」

很多投資人會透過「(a)可預測領域」和「(c)趨勢分析」來預測未來。因為這兩者都有數據資料可用，客觀程度很高。

然而，在那種人人都能客觀檢視優劣的環境裡求勝負，能賺的獲利相當有限。況且很多時候，股價早已反映過我們掌握的那些趨勢或事實。光靠各位手上的那些資訊，要做出比市場更好的判斷，機率可說是微乎其微。尤其是廣受眾人評價的大型權值股，更是如此。

因此，各位如果想在股市獲利，就該更重視「(b)情境分析」和「(d)無法預測領域」的組合。

像新冠病毒這種無法預測的事態時，應盡速進行情境分析，以便在民眾恐慌、秩序瓦解之際，積極進場買股。遇有這種情況時，祭出前面在第二、三章介紹過的「由上而下分析法」，應該會很有效。

「所以您的意思是說，這種操作手法只能在大崩盤時使用，對吧？」我彷彿已經聽到了這樣的提問。

大崩盤的確是一個機會沒錯。不過，各位也不要把它想成是在一片恐慌當中，不顧眾人抱頭鼠竄，逕自走進火災現場去行竊似的舉動。各位更應該關注的是「變化」，而不是「秩序的瓦解」。我們要把大崩盤視為是一種變化的前兆、改變的契機。

圖表5-9　四種未來預測類型與VE投資

(a)可預測領域（例：高齡化社會）
(b)可以情境分析來因應的領域（例：後疫情時代、AI普及的未來）
(c)可以趨勢分析來因應的領域（例：成長企業近期業績、品牌知名度趨勢）
(d)無法預測領域（例：火山爆發、大規模恐怖攻擊事件）

很多投資人會透過「(a)可預測領域」和「(c)趨勢分析」來預測未來。因為這兩者都有數據資料可用，客觀程度很高。然而，在那種人人都能客觀檢視優劣的環境裡求勝負，能賺的獲利相當有限。況且很多時候，股價早已反映過我們掌握的那些趨勢或事實。光靠各位手上的那些資訊，要做出比市場更好的判斷，機率可說是微乎其微。尤其是廣受眾人評價的大型權值股，更是如此。因此，各位如果想在股市獲利，就該更重視「(b)情境分析」和「(d)無法預測領域」的組合。

今後，社會上將出現什麼樣的變化呢？到時候，哪些個股會最快重整旗鼓？還有哪些個股根本就不受影響？我們要集中火力關心的，其實是這幾個問題。

其實即使不是大崩盤，股市裡還是充滿了各種大大小小的變化，或許是科技，或許是社會制度，又或者是人的行為模式……我們要動員所有的直覺與邏輯思考來分析這些變化的預兆，並且鼓起勇氣、大膽攫取——這考驗著你我的行動力。

光是察覺還不夠。畢竟該察覺的事，大多數的人都察覺到了。我們在第三章探討過福馬和筆記型電腦的案例，各位是否也覺得「早在買這本書之前，我就已經察覺到了」呢？可是到頭來，有沒有做出「買股」的這個舉動，才是關鍵。少了這個舉動，各位還是一成不變。

確定「這一局，我贏定了！」之後……

這一段前言似乎寫得太長了一點。在此，我想介紹一個巧妙掌握變化的案例，那就是索尼。

二〇一五年，源自中國的股市崩盤，引發了人稱「中國衝擊」（China shock）的全球股災，許多投資人都因此而蒙受了嚴重的損失；再加上當時原油價格處於低檔，市場傳聞石油貨幣將引發逃命潮。因此，在進入二〇一六年之後，股市行情仍持續面臨嚴峻考驗。日經平均股價指數從兩萬點跌到了一萬五千點上下，一口氣跌掉四分之一以上，市場秩序也隨之瓦解。

我當然睜大了眼睛，拚命地找尋潛力股，但小型成長股多半價位偏高，沒讓我撿到寶。剛好就在這時，我發現一篇網路報導介紹了我的部落格。在這篇以「值得參考的投資部落格」為題的報導中，我的部落格很榮幸地贏得了相當高的肯定。然而，當中有一句話讓我很在意，那就是「不過，這個部落格專門介紹小型股」的這句介紹。

「什麼？專門介紹小型股？」我有點惱火。以往，小型股的好康個股確實比大型股多出許多，所以沒有必要刻意去買大型權值股。也因為這樣，所以我寫在部落格上的文章，全都在談小型股。然而，在如今這種小型股反而價位偏高的「錯價」（mispricing）行情下，我當然會選擇投資權值股。

「既然如此，我就用權值股來打個漂亮的一仗，讓對方刮目相看！」我心裡萌生了這樣的企圖。可是，當我鎖定權值股，用由下而上分析法仔細地篩選過後，發現這些個股都已廣受眾人評價，所以我花了好幾個月，都沒有找出明確的ＶＥ投資候選標的。

正當我心想「果然難度還是比較高嗎……」準備打消念頭之際，我走進了一家家電量販店，不經意地察覺到了一個變化：很多家電量販店，都會在熱銷商品旁貼上「推薦商品」、「熱銷第一」等字樣。

而我發現這些熱銷第一的商品，舉凡電視、攝影機、數位相機和耳機等，大多是出自索尼。近幾年來，我竟把這種直覺感受忘得一乾二淨。後來我逐項確認，發現這些商品的價錢不見得便宜，但功能性和操作性都很卓越，有些絕無僅有的吸引力。這些商品，每一項我自己都很想要。

「莫非那家索尼終於開始變了？」我像是被雷劈中了一樣，急忙跑到店裡其他區域看了一圈，沒想到竟讓我找到了堪稱「致命一擊」的精緻商品——玻璃喇叭（GLASS SOUND SPEAKER）。這一款燈具上，附有能演奏出悠揚樂聲的音響，在當時是相當新穎的產品。在柔美音樂聲中，望著這盞燈，我確定了一件事：索尼的前景樂觀。

當時，市場對索尼的評價，可說是跌到了谷底。爆發金融海嘯之後，索尼從二〇〇九年三月期，到二〇一五年三月期為止的七年之間，有六年都出現了鉅額虧損。媒體和社群網站上，對衰敗凋零的索尼，洋洋灑灑地寫出了一篇又一篇的奚落。

翻開索尼的財報，就會發現他們的股東權益比率低於一五%，就一家大型家電製造商而言，是相當危險的水準。絕大多數的投資人，只要看到這兩點，就會認定索尼是個無比危險的投資標的，打消繼續調查下去的念頭。我本來也是這樣。

然而，經過一番調查後，我心中又為索尼勾勒出了一個有別於以往的形象。

首先，我仔細讀了索尼過去七年的財報資料，發現虧損的確是事實，但這些虧損，幾乎都是為了改善昔日沉痾所做的結構改革費用。實際上，就呈現本業獲利的營業利益來看，真正虧損的就只有兩次，也就是發生金融海嘯的二〇〇九年三月期，和三・一一東日本大地震後的二〇一二年三月期而已。

而在股東權益比率方面，索尼也有一些特殊的原委。大家都認為索尼是家電製造商，但索尼企業集團其實早已不適用這個稱呼——索尼產險和索尼壽險等金融事業，佔了全公司資產負債表的大半，因此不該以家電製造商的標準，來看待它的股東權益比率，而是要和金融機構的自有資金比率做比較才合理。若以金融機構的自有資金比率來看，這個數字還不算太悲觀的水準。

索尼（就負面涵義而言）是一家動見觀瞻的大企業，只要花點功夫找，想要什麼資料都可以拿得到。我買了幾本談索尼的書，並仔細研讀財報或網路上的公開資訊，才逐漸明白平井一夫總經理（現為資深顧問）和吉田憲一郎副總經理（現為總經理）的經營風格。

我查越多資料，越明白他們是積極向前、坦蕩誠實的人。

這一年，索尼的落後PER約為二十倍，但以實力值為基礎的預估PER，卻被認為會低於十倍。我決定陸續出清掉手中那些股價已不再偏低的小型成長股，改將資金投入這檔大型股——因為我已仔細調查過它的各種事業，了解它的優缺點，確定「這一局，我贏定了！」

用情境分析來評估個股發展性

後來，到了二〇一六年四月，熊本縣發生了一場大地震。索尼股票又被拋售。因為他們賭上公司前途，大力推動開發的感光元件主力工廠，就位在這場大地震的震央，真的是很不走運。智慧型手機等裝置所搭載的小型照相機當中，最核心的技術就是感光元件。由於這項科技的進步，現在幾乎已經沒人隨身攜帶薄型數位相機了——這就是一個破壞式創新的典型案例。

我買進索尼股票時，用了情境分析的手法，評估這項科技的發展性。今後，人工智慧必定會普及，它就相當於是人類的大腦，而大腦還會需要什麼呢？需要的是資訊。尤其是相當於人類眼睛的感光元件，堪稱是最重要的資訊蒐集裝置。致力鑽研這項技術的索尼，未來必定會大幅成長。他們的策略沒有錯。

索尼的工廠因地震而受重創的新聞畫面，看得我心痛萬分，但我也沒有忘記，當下正是逢低買進索尼股票的大好機會。其實資料查得越多，我就越喜歡這家公司，一直在觀望進場加碼的時機。這時，我的投資組合已有過半數都是索尼持股，堪稱是異常狀態。這是我使出渾身解數的一大佈局。

我的平均買進價位是二千五百日圓，再加上地震受災的特別損失，索尼當時的預估PER已逾五十倍。網路上開始有人攻擊我，說「會拿分的腦袋壞了」。

評價轉趨正常時賣出

所幸後來索尼並沒有辜負我的期待，「Playstation VR上市」、「OLED電視市佔率日本第一」、「寵物機器狗AIBO復活」、「索尼獲利創新高」等消息，喜氣洋洋的標題，一個個大大地掛在報紙或網路上。索尼的業績快速成長，二〇一九年三月期的EPS是七百二十三日圓。用我的買進價位兩千五百日圓來推算回去，PER大概是三・五倍左右。

說穿了，其實我在這檔個股到達五千日圓價位時，就已賣掉絕大部分。**眾人對索尼這家企業的評價開始回歸正軌時，我便失去了優勢。**一方面也是因為手上資金太多，想先冷靜一下。

投資股票的過程，其實就像「稻草富翁[9]」的故事一樣。起初先用有如稻草般微不足道的資金起步，賺了錢再買下一檔；如果又再賺到錢，那就再買下一檔……一直重複下去，財產就會像滾雪球般地增加。花十年累積出來的一億日圓資產，接著只要兩年，就能再賺一億——只要能一直贏下去，後續到手的，都將是前所未見的鉅額獲利。然後各位就會在驚訝中躋身億萬富翁之列。

很多成功者生活水準提升的速度，根本追不上財富累積的腳步。索尼投資得利所賺的部分資金，我拿去買房子，擺脫了原本租屋族的身分。而為新家所添購的大型電視機，當然是索尼的OLED電視。

9 日本童話。內容敘述一位貧窮潦倒的男子，因緣際會得到觀世音菩薩入夢指點，要珍惜手邊的物品。男子夢醒後，拿到了一根稻草，接著又經過幾次以物易物，最後用一根稻草換得了田地和房產。

成功案例④

寶藏工廠 業績成長與持平的線型

約莫一星期前，內人買了百合花回來。當時花還沒開，但是大概有十五個含苞待放的蓓蕾。總之我就先把它們插進花瓶，擺在客廳一隅。兩天後，百合先是開了一、兩朵，到今天已經開了一大半。我待在客廳旁的小書房，都還可以瞥見有白有粉的美麗花朵，並在花香的包圍下，寫著這本書。

買蓓蕾狀態的花

投資股票就像買花，買的時候都還是花苞，而我們也都相信花會開，但直到實際開花之前，都還無法讓人放心。然而，只要具備足夠的成長性和價值，花就會隨著時間過去而逐步盛開。所以最重要的，就是買到蓓蕾狀態的花。

爆發金融海嘯之後，除了前面介紹過的DVx之外，我還陸續投資了經營「吉豚屋」的愛客樂，快速成長的禮儀公司TEAR，還有發展計時停車事業的Paraca，以及開設婚宴會館的愛思禮（ESCRIT）等小型成長股，都成功地開出華美的花朵。拜這些個股之賜，我只花了五年的時間，個人資產就在二〇一三年時，翻漲達五倍之多。

有一天，我在部落格的留言區裡，看到了「寶藏工廠」這家二手商店的名字，心中便興起了再對它做一番詳查的念頭——我會這樣說，是因為在爆發金融海嘯之後，我曾把這檔個股列入買進候選名單，也做了一番仔細的調查。不過因為當時它掛牌還不到一年，資料還很有限，所以後來便決定暫不買進。

經過一番詳查，我發現它在掛牌之後，儘管略有起伏，但有近五年的時間，股價都在兩百日圓（中間因為辦理過股票分割，故依二〇二〇年五月底時的股價為基準修正）上下持平發展。而業績則穩健成長，EPS從二〇〇九年二月期的一二・五日圓，二〇一〇年二月期來到一八・三日圓，二〇一三年二月期更快速成長到三三・八日圓。然而，它的PER仍處在七倍上下，屬於極度偏低的水準。換言之，它是VE投資一覽表上的「❸EPS↑股價→」。

寶藏工廠的股價與業績背離現象，曾持續數年之久，因此要以長線做為觀察重點。然而，為什麼當時的背離現象會持續這麼久呢？過程中必定曾受到金融海嘯和三・一一東日本大地震的影響，只不過影響的層面是在股價，業績幾乎沒有受到波及。

「從低點回彈兩倍」可能也只是過程

這裡我準備了另一張走勢圖。圖表5－12是寶藏工廠自二〇一一年至二〇一三年這三年之間的走勢圖放大版。從這張圖中可以看出，我買進這檔個股的時間點，正好趕上了它從一二〇圓左右的低點反彈上攻的過程，可說是VE投資一覽表上的「❹EPS↑↑股價→」狀態。

我在部落格寫了一篇文章，主旨大概是說「寶藏工廠業績成長，市場評價極低，股價卻才只從低點反彈了兩倍」。結果，有讀者寫下了這樣的留言：

「『才兩倍』的觀念，真令人詫異。」

圖表5-10　寶藏工廠的股票買進與賣出

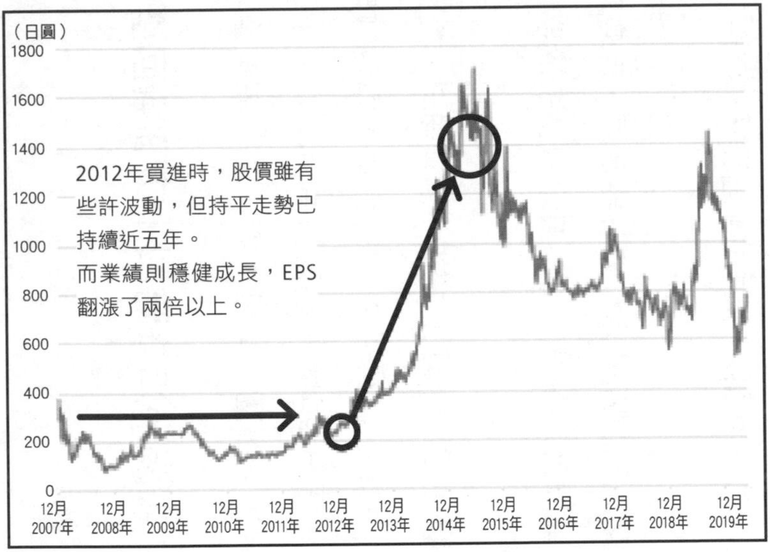

圖表5-11　寶藏工廠的VE投資一覽表

	❶	❷	❸	❹	❺
EPS的變化	→	↑	↑	↑↑	↓
股價變化	↓	↓	→	↑	↓↓
預估PER			7.7		

就常理而言，「漲兩倍」的確會讓人不敢再追高。但是，我以前曾有過多次失敗的經驗，都是因為股價已經翻漲兩、三倍，我不敢進場買，導致最後錯失了賺更多的機會。這些經驗，讓我有了很深刻的體會：就成長股而言，股價翻漲兩倍只是個過程。

我們再把走勢圖的區間縮短，改以半年左右為期，來看看它的變化——結果發現，股價來到三百圓之後的盤整局面，其實可以說是一個積極買進的時機，也就是VE投資一覽表上的「❷EPS↑股價↓」狀態。

如果再將觀察區間縮短，可看到走勢圖呈現三重底，是股價開始觸底反彈的時機，適合積極買進；若再以數日為單位……不對，我們就別再用更短的區間來討論了吧！區間越短，越會流於短線投機客式的判斷，到時候觀察的重點就不再是業績，而是其他因素了。在重視比較業績與股價走勢的VE投資法當中，稍微長線的觀點，是操作上的一大關鍵。

圖表5-12　寶藏工廠的VE投資分析

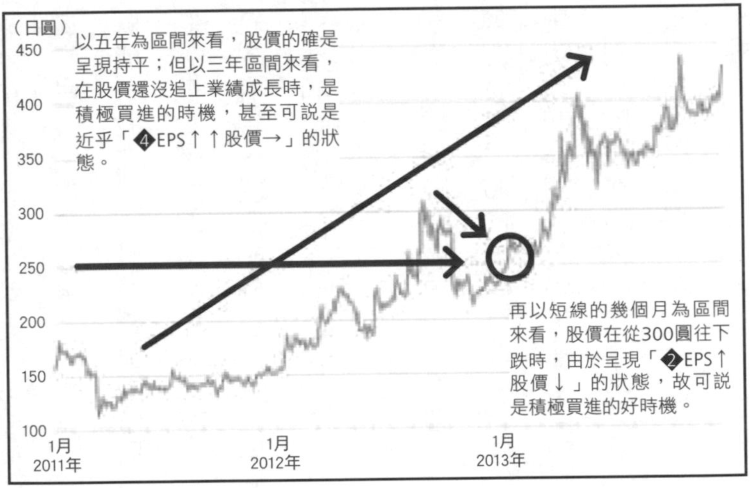

圖表5-13　寶藏工廠的營業額與門市家數

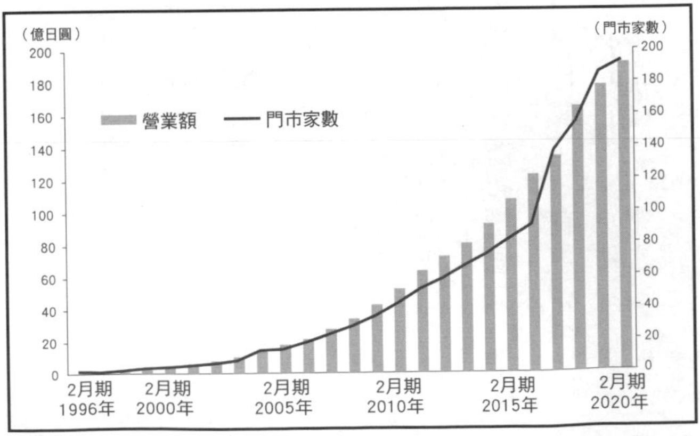

節錄自寶藏工廠2020年2月期財報資料

鳥眼、蟲眼、魚眼的重要

在經營管理領域當中，「鳥眼」、「蟲眼」和「魚眼」被視為是三個很重要的元素。所謂的「鳥眼」，就是俯瞰全局、綜觀整體的觀點；反之，「蟲眼」則是聚焦在單一事物上，進行細膩分析的能力；而「魚眼」則是觀察潮流的眼光，換句話說就是判斷時代和市場潮流的能力。在股市投資方面，它們三者也都是很重要的觀點。

「VE投資一覽表」是讓我們同時觀察變化與絕對值的工具，可說是同時使用鳥眼和魚眼，解讀業績和股價變化的法寶。因此，不能用太過短線的觀點來評估。請各位不妨先比較一下五到十年的長期股價走勢和業績。

當然「蟲眼」也不容忽視。近期生活周遭的變化，就是走勢翻轉的徵兆。因此，比較最近一季的財報變化，和一年內的股價走勢，也是很重要的工作。它會幫助我們發現「最近剛開始，但尚未反映到股價上的變化。儘管現階段對業績的影響程度仍輕，但未來必將對收益貢獻良多」之處。

換言之，除了觀察以五到十年為單位的業績與股價走勢變化之外，再加上一年以內的業績與股價走勢比較，可說是最有效的兩個選股觀點——我們在探討「公司業績為什麼這麼好？」的同時，還要找出「股價為什麼和業績不連動」的原因。

說穿了，其實蟲眼真正的涵義，是要仔細檢視財報，並從網路或書籍當中找到和個股企業相關的資訊，了解經營者的為人，再接觸它的商品或服務，還要到求職網站確認公司員工的工作狀況與評價——這些就是下一個階段的工作了。

不斷辛苦奮鬥才拚出一番事業的公司，不妨親自試試他們的產品

寶藏工廠的創辦人野坂英吾，在一九九五年時，拿著三十萬的資金創業，從一百五十坪的倉庫起家，進軍二手商品銷售市場，在擴大門市佈局的同時，事業也持續成長，是和我同世代的企業家。

我在檢視寶藏工廠發展歷程的同時，也回顧了自己的人生——從泡沫經濟瓦解，到亞洲金融風暴，還有全球恐怖攻擊和金融海嘯，串起了日本「失落的二十年」。在這一段讓許多中小企業都慘澹經營、咬牙苦撐的歲月裡，寶藏工廠的這位老闆，究竟是怎麼撐過來的？

相較於那些橫空出世的熱門流行股，我更喜歡這種不斷辛苦奮鬥，才拚出一番事業的成長股。二手商品這門生意，進貨時也要向人低頭，銷售時也要向人拜託，但絕對能穩紮穩打地賺到利潤。辛苦是必然的，而落實做好數據資料管理與品質管理的訣竅，想必就是這個

行業的真功夫。

當年新婚時，我們夫妻一起省吃儉用，存了一筆錢。後來我用這筆存款當本金投資股票，才開始累積財富。那一段精打細算的新婚時期，我們很常光顧二手商店——很多店鋪都充滿了霉味，在陰暗的空間裡，堆著滿坑滿谷的商品，簡直就像鬼屋似的。

我走訪了好幾家寶藏工廠的門市，發現在簡潔雅致的門市裡，有很多年輕顧客上門，這幕光景，讓我想起了傳統舊書店和BOOK OFF[10]的差別。「說不定它會像BOOK OFF那樣竄起……」對未來的業績想像，和目前低迷的股價，更加深了我對它的期待。

就像這樣，**我在買股之前，都會檢視該公司的產品或門市。倘若只憑自己的想像買賣股票，對實際情況一無所知，那麼投資股票就會淪為金錢遊戲。**

「嗯，第二階段評選也通過！！」我馬上就在門市裡拿出手機，下單賣進第一批寶藏工廠的股票，並依照往例，在幾個月之內加碼到無法回頭的水準。

結果這檔股票開出了華美的花朵——EPS在約三年內上漲超過兩倍，PER也來到了二十倍左右，市場開始快速修正對它的評價，讓我得以在這兩年半左右的時間，獲利翻漲五倍。於是我又打了一場漂亮的勝仗，可喜可賀！

結果這檔股票開出了華美的花朵——EPS在約三年內上漲超過兩倍，PER也來到了二十倍左右，市場開始快速修正對它的評價，讓我得以在這兩年半左右的時間，獲利翻漲五倍。於是我又打了一場漂亮的勝仗，可喜可賀！

---

10 日本知名二手書連鎖通路，店內擺設整齊，宛如一般書店。

失敗案例①

共立多美迎急於脫手，錯失大漲波段

寫了這麼多成功案例，想必很多人都會懷疑「難道都沒有失敗案例嗎？」失敗案例當然有，而且還很多。只要持續在股海中打滾，投資人絕不可能永遠都精準預測所有走勢，萬無一失。就算事前調查得再怎麼詳盡，選股眼光再怎麼精準，還是有可能因為不確定因素而成為別人的俎上肉。

只不過，就我個人的經驗而言，不確定性所帶來的風險，並不如投資大眾所擔心的那麼嚴重，不至於毀滅股東；反之，調查不周、經驗不足，甚至是承擔太多風險等因素，才是投資人在股海中翻船的大宗。

在我的失敗案例當中，最多的就是明明研判個股很有潛力，卻因為小氣心態作祟而捨不得買；或是雖然買進，卻滿足於兩倍左右的獲利，匆匆賣股出場，錯過了後面大漲的波段。

就讓我來為各位介紹一個案例。我在二、三線城市處理一些調查業務，幾乎每個月都有差旅行程。而出差時，我最喜歡下榻的旅館，就是多美迎（dormy inn）。它的澡堂很寬敞，早餐也很好吃，客房空間也比其他同價位的旅館來得稍大。我在入住櫃台問過才知道，原來這個旅館品牌，是由一家名叫「共立多美迎」（KYORITSU MAINTENANCE）的企業所經營。

我隨即上網查詢，發現它的本業是以經營學生宿或社會人士宿舍為主。近年來，共立多美迎運用他們在宿舍市場累積的專業，發展出了「多美迎」這個舒適的商務旅館品牌，並在各地展店。

不過，近年來在社會人士的宿舍業務方面，業績表現疲軟；另一方面又因為多美迎的開發成本負擔沉重，導致公司整體業績跌到了谷底。「我的直覺告訴我，這家旅館一定會成長」的念頭，推了我一把，讓我決定先投入些許資金買股。可是，我翻遍了財報和官方網站，就是找不到足夠的資料，來佐證這家公司具備發展潛力。

「開旅館要投入相當龐大的成本，這些資金，他們究竟是從哪裡籌措來的？」諸如此類的疑慮，也在我腦中浮現。

「落實調查事業結構」的教訓

熟悉不動產開發的讀者應該都知道，近年來（疫情爆發前），像旅館這種帶有收益的物件，有很多種籌措資金的方法。例如先向所有權人承租土地，再開一家特殊目的公司（SPC）來經營旅館，找投資人、銀行來投資，或設法融資貸款等，就能在自有資金不多的情況下，推動大型開發案。

然而，當時我對這些手法一無所知，缺乏相關知識的結果，導致我錯失了賺取高額利潤的機會——我只投入少許資金，且在股價漲三成的時候就出清所有持股，可說是一大失策。

後來因為各項利多，再加上入境旅遊的加持，共立多美迎的EPS大漲八倍，若以我當年的買進價格來計算，股價大漲了十二倍之多（但後來股價又受到疫情影響而大跌）。

我從這場失敗中學到的教訓是：當直覺在我耳邊說著「快去買」的時候，應確實詳查該檔個股的事業結構。我們最好先拋開對各行各業的傳統印象與商業模式，畢竟時代已經變得和過去大不相同。我後來把這次失敗的教訓，成功地運用到索尼的投資判斷上。

圖表5-14　共立多美迎的股票買進與賣出

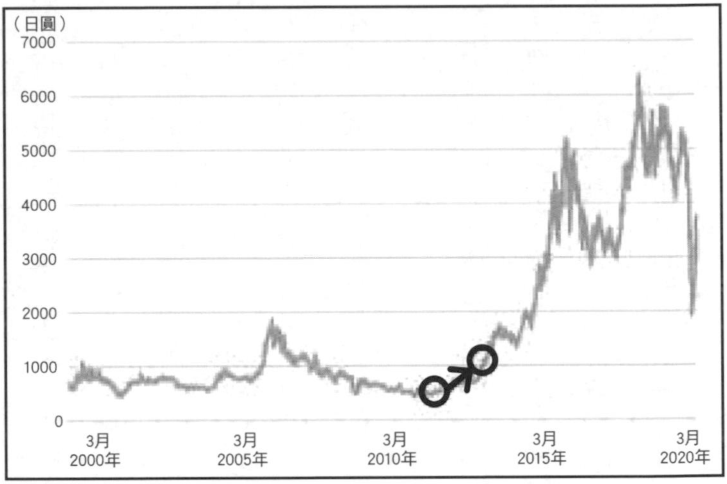

我成功地在這檔個股上市後最低價的500日圓前後買進，卻在上漲約三成後就匆匆賣出。其實後來它還持續上漲，假如我當出在受到疫情衝擊後再賣出，應該還能賣在當初的三倍價位。

圖表5-15　共立多美迎的落後EPS

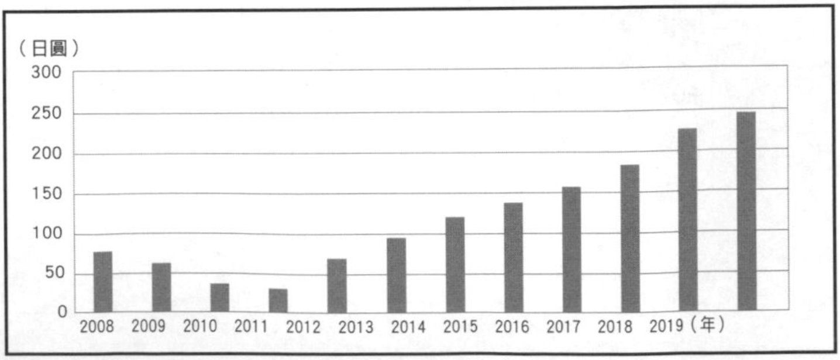

失敗案例②

ONLY成長情境消失

接著，要向各位介紹一個近期的失敗案例。西服製造、銷售業者ONLY，近年來在網路上銷售原創訂製套裝的業務蓬勃發展，營業額也不斷攀升。顧客只要在ONLY量過一次身型尺寸，之後就能根據這份資料，直接在網站上購買套裝，也可視情況需要，由顧客自行量測尺寸。最值得一提的，是他們引進了一套「極簡訂製」（minimal order）系統，只要挑選布料和量尺寸，就能輕鬆訂製西服。在這一套系統上，儘管交貨需要等待一段時間，但標榜「兩套三萬八千日圓起」的價格，堪稱是顛覆訂製服業界的常識，達到前所未有的低成本水準。

為了調查這家企業，我親自前往門市，訂做了兩套最高級的西裝——選用最頂級的傑尼亞（Zegna）和諾悠翩雅（Loro Piana）[11]布料，價格卻只要百貨公司的一半以下，我覺得非常滿意。於是我隨即依照往例，積極買進這檔個股，加碼到很難一口氣全部賣出的水準，孰料自此竟陷入一場惡夢。

線上銷售訂製西服的做法，其他同業很快開始就群起模仿，ONLY很難再展現出太大的差異化。此外，大眾拋棄西裝穿著習慣的風潮，進展速度比我想像得更快。就在日本社會呼籲勞動方式改革的呼聲響起之際，企業內外也開始形成一套共識，認為休閒褲裝搭輕便外套的穿著，在職場上並不算是隨便。甚至到後來，平時不小心穿著全套高級西裝到公司上班，還會被同事挖苦說「你今天是要去結婚嗎？」

儘管ONLY的股價曾一度大漲，但漲勢很快地就停了下來。原本我在九五〇日圓前後買進的股票，一年後決定在八〇〇圓前後的價位全數出清。所幸ONLY優渥的股東優惠和高配息，讓它持續都有穩定的買單敲進，我也得以花幾個月的時間，一點一滴地逐步出清持股。唯一值得欣慰的是，後來這檔個股因為新冠疫情影響，股價又跌得更深了。

11 兩家都是義大利高級布料製造商。

圖表5-16　ONLY的股票買進與賣出

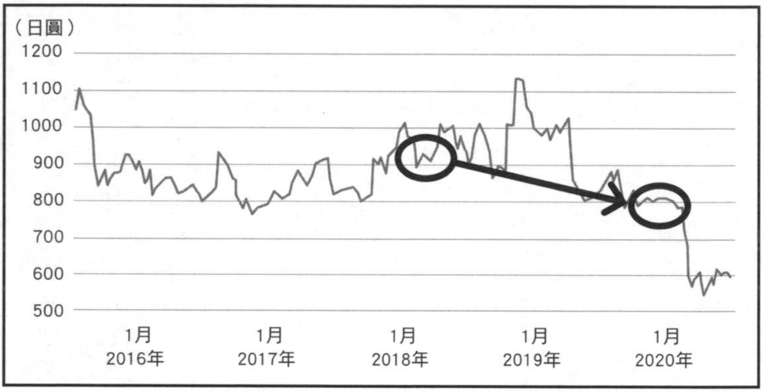

因為發現ONLY在線上銷售訂製西服的業績暢旺，而選擇買進這檔個股，孰料買進後，烏雲立刻開始湧動了起來。

股東優惠與「政客買票」的結構一樣

接下來，我要稍微偏離主題，談談我對股東優惠制度的想法。ONLY那一次，我的確是因為股東優惠而得救，但並不表示我個人肯定這項制度。如前所述，所謂的「企業」，原本應該是要讓市場從「業績」和「資產」這兩個面向，給予正確的評價。當企業沒有獲得正確評價時，就要進場買股，彷彿像是要藉此點出這項錯誤似的——我相信這就是價值投資人存在的意義。

然而，股東優惠只是企圖透過送禮，來拉抬股價的一種手法，並不是業績，更沒有資產價值。如果要打個比方的話，它的結構，其實就和那些向市民買票賄選，要民眾把票投給自己的非法政客沒兩樣。況且媒體還挖出了幾個知名的股東優惠專家，更助長了上市公司發放股東優惠的風潮。在東證一部掛牌上市，等於是日本企業躋身一流的證明；而在東證一部掛牌，股東必須達一定人數以上，才符合規定。

當法人在資本市場的持股佔比，已佔絕大多數的情況下，企業要增加股東人數，其實並不容易。因此，即使企業認為不盡合理，但還是會選擇「賄賂股東」這條方便省事的捷徑。

股市當然不會容許這樣的扭曲。於是在股東優會除權日前，就有投資人一手買現股、一手賣空，等除權後再反向交易。這樣一來，不管股價是漲是跌，投資人就能免費拿到股東優惠；還有人會提早買進佈局，等到接近除權日，就會有貪圖股東優惠的股市新手成群投入股市，屆時再把股票賣給他們，自己不拿股東優惠……諸如此類的離譜鬧劇，一再於股市上演。

眾人都認同這樣的做法，於是這就形成了一種秩序，但我認為還是應該撥亂反正，回歸股市原貌。

備妥隨時可供替換的「候補選手」

話題再回到剛才的ＯＮＬＹ。這檔個股給我的教訓，是要備妥因應之道，以避免原以為樂觀的前景突然轉趨黯淡——畢竟我們的預測，不見得百發百中。

請各位拋開「既然是長期投資，那麼即使當下前景轉趨暗黯淡，也要續抱持股，支持自己所選的企業」這種觀念。倘若狀況惡化只是出於暫時性因素，那還另當別論，就算決定續抱也無妨。然而，ＯＮＬＹ這家公司的情況，是連中長期的成長情境成立與否，都開始動搖。我要是被這種股票纏上，就會立刻壯士斷腕，改換其他投資標的。

此時的重點，在於要備妥候補選手，以便能在主力選手出狀況時替補。當我們已經找到通過第一、二階段評選的個股，卻礙於目前持股更有潛力時，我會先小額買進，把這檔個股當作候補選手。

我會選擇先小額買進，是因為怕自己到時候忘了這檔股票。不過最近有些理財應用程式，或券商所提供的網站上，都設有登錄潛力股的功能，資金不甚充裕的投資人，不妨多運用這些功能。

萬一一軍選手狀況不佳時，就趕緊把它換下場休息，改推候補選手上場。

【VE投資法當中的賣股守則】

在VE投資法當中，有以下三大賣股守則：

①前景轉趨黯淡時。
②股價已達偏高水準時。
③發現其他更理想個股時。

不過在實務上，①、②兩項基準其實稍嫌模糊。「前景看似轉趨黯淡，又像是暫時現象，有望立刻復活。但要等到完全釐清狀況，又怕會錯失良機」、「股價看似已經到達偏高水準，但若考慮近期業績暢旺的狀態，看來又像是還處在偏低水準。但要等到完全釐清狀況，又怕會錯失良機」。於是我們就會像這樣，一步步地走進迷霧森林裡去。

這時，如果有第「③」項守則，就能幫助我們做出判斷。例如像是「既然已經漲到這裡，就算之後業績持續暢旺，風險還是不如PER十倍的○○股來得低。現在先賣掉，改投其他個股吧」等等。用「接下來的三到五年內，哪一檔個股比較適合用來讓資金翻倍」的觀點，比較幾檔個股，會是比較理想的做法。

不必堅持要「在哪裡虧損，就在哪裡賺回來」

我賣掉ONLY後，決定買進的個股，是利用節能機器設備搭配電力零售事業，為客戶提供全套電費精省方案的葛林姆斯（Gremz）公司。

圖表5-17　VE投資法當中的賣股守則

在VE投資法當中，有以下三大賣股守則：

①前景轉趨黯淡時。
②股價已達偏高水準時。
③發現其他更理想個股時。

5-17全文待補

我其實從以前就開始注意到這檔個股，但就眼睜睜地看它漲了上去，錯失了進場的時機。後來它持平盤整了一年半左右，但EPS卻從二〇一八年三月期的六〇・五日圓，到二〇二〇年三月期時，預估已可達到一二〇日圓以上，也就是「❸EPS↑、股價→」。我從股價一九〇〇日圓前後開始積極買進，結果二〇二〇年三月期的EPS，繳出了一三一・五圓的好成績，以我的買進價位回推，等於是在PER十五倍以下買到。能在PER十五倍以下買到這種成長股，還算是撿到便宜。而投資ONLY的虧損，也成功地靠這一檔個股挽回了。

華倫・巴菲特曾說過：投資虧損時，不必堅持要「在哪裡虧損，就在哪裡賺回來」。

圖表5-18　改買進葛林姆斯的股票

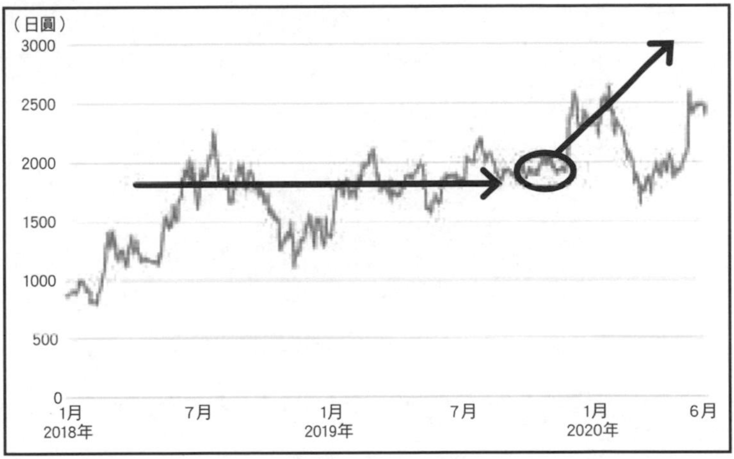

原本股價呈現持平走勢近一年半，但在這段期間當中，EPS預估將可從六〇・五日圓，上升到一二〇日圓。結果二〇二〇年三月期的EPS，繳出了一三一・五圓的好成績，大幅超越預期，股價也強勢表態。

第六章

七個價值原理

——從「市場出錯」的觀點切入

在前一章所探討的實務案例當中，我為各位說明過幾個論點。這些機會，都不是上天獨厚我的偶然或好運，而是相當普遍的現象，想必各位應該也曾多次遇過類似的情況。問題在於各位能否掌握這樣的機會。

因此在本章當中，我試著分類整理出了幾種內在價值與股價不連動的原因。當各位發現如VE投資一覽表上所呈現的背離現象時，不妨從以下的幾種型態當中，推論背離發生的原因為何，應可幫助各位將直覺訓練得更敏銳。

(1)個股股價會相互連動，但公司業績並不會彼此連動

如前所述，已經有太多投資人無視個股之間的差異，將整個股市當作套裝商品似地買賣。因此，不論好股、爛股，漲就一起漲，跌也

一起跌的現象，在市場上不時可見。

尤其是在大盤重挫時，除了有不願虧損的投資人紛紛拋售持股，製造恐慌性賣壓外，還有資金周轉吃緊的基金，操作融資、融券的散戶等，也都會為了保全資金而接連賣股，更有禿鷹鎖定這些左支右絀的投資人，刻意賣空拉低股價、擴大跌幅，使得大盤走勢出現尖銳的深谷。當然這些「不願虧損」、「保全資金」、「刻意操弄股價」等賣股動機，都與上市公司本身的業績無關，所有原因都是出在投資人身上。

不論是金融海嘯、三・一一東日本大地震，或是新冠病毒疫情，有些企業幾乎不受這些重大事件影響，即使受到影響，程度也很有限，甚至還有些企業因而受惠，拓展了更多商機。然而，股市裡的所有個股，卻都被拿出來便宜賣，於是值得我們進場投資的一大良機，便應運而生。

⑵內在價值與熱門程度不符

價值投資的始祖——班傑明・葛拉漢（Benjamin Graham）曾說：「股市短期看來是投票機，長期來看則是體重機」。

除了把股市當作大特賣商品的投資人以外，還有其他重要因素扭曲了股市——包括短線投機客在內，短視近利的投機炒手實在太多。

當年我剛開始投資股票時，也就是三十多年前，感覺比現在悠哉許多。如果讓那些最近才開始炒作股票的短線投機客穿越時空、回到過去，他們恐怕會覺得一切都悠哉到看起來像是時間靜止了吧。

當時在證券交易所裡，還有由真人負責登錄價格的制度。券商接到顧客來電下單後，便用獨特的手勢和黑板，靠著人與人的溝通互動，讓買賣成交。當年一方面由於手續費昂貴，一方面在這樣的交易機制下，就算想炒短線，至少對散戶而言，環境上還不允許。那時候我覺得短線交易簡直就是個黑箱——早上下的單結果如何，要等傍晚自己打電話到證券公司確認，才會知道。

而這樣的情況，一直到網路券商開始普及，也就是進入二〇〇〇年代之後，才有了轉變。真人負責登錄價格的制度於一九九九年四月廢止，委買賣狀況改以電子化的方式呈現，並且公佈在網路上。

對於搶先掌握股市這些變化的散戶而言，當時可說滿地都是機會。相較於以往，如今資金充裕的大戶動向，清楚得令人詫異。散戶可在大戶開始買進後，再跟著下單；發現大戶不再加碼時，可搶先出清持股——這種讓大戶提燈照路的操作法，竟也都能暢行無阻。

於是短線操作大師接連登場，投資大眾競相模仿他們的手法。這樣發展的結果，使得短線交易變得越來越細膩、複雜。在股市獲利的機會變少，而股市也開始變成一個唯有實力堅強者才能生存的遊戲。金融海嘯爆發後，也就是在二〇〇八年前後，運用演算法來下單的超快速交易開始增加；近年來更有使用ＡＩ瞬間判斷，藉以套利的操作。

在此，我想請各位思考一件事：企業的業績，會因為如此極短期的因素而波動嗎？那些因為重量級人士的發言、各種統計資料，或企業所公佈的投資人關係資訊，而在瞬間做出的判斷，我認為並沒有真正掌握企業的內在價值。說穿了，這些投資人鎖定的目標，其實是大眾在股市裡的不安、恐懼，或貪婪、得意等心理狀態，以及其他投資人的買賣動向。

「別人怎麼想？」、「別人怎麼動？」這些問題追究到最後，就會讓股市變成葛拉漢口中的投票機。當個人忽略自己的意見，一味地顧慮別人的資訊時，市場就會因為一點風吹草動，而掀起一面倒的波瀾。這就是所謂的「資訊串流」（Information Cascades）。於是短線投機客的動作，便造成市場上出現有「尼加拉瀑布」之稱的急遽暴跌。到最後，其實股價還是會恢復到原有水準，因此這些短線上的股價波動，就長線來看幾乎不具任何意義。

而這在VE投資法當中，也是一個值得鎖定的目標——當股價因為某些原因，而出現超跌的短期變動時，我們就能從中找出內在價值與股價之間的背離。

(3)市場過度放大或完全忽視變化

股市會反映眼前的未來，而不是過去。然而，未來其實只存在人們的想像之中。人的想像會有偏誤，無法正確反映所有條件因素。尤其是當社會上出前所未見的嶄新變化時，市場就會做出極端的反應。

根據風行全球的暢銷書《真確》（FACTFULNESS，漢斯・羅斯林等著）所述，人類瞬間判斷事物的本能，再加上尋求戲劇性發展的本能，催生出了「對世界過於戲劇性的觀點」。

「對世界過於戲劇性的觀點」是一句最適合用來呈現市場反應的描述。當一檔直到昨天之前都還很冷門、不起眼的個股，偶然因為新科技、新潮流，而成為發生新變化的對象，備受萬眾矚目時，市場就會備妥一本戲劇化的腳本，呈現出過於戲劇化的反應——例如股價連日漲停等。

然而，企業的業績當然不會如此極端地好轉。況且這些市場消息多半充滿了不確定性，當話題熱度一過，股價也難逃下跌的宿命——這就是資訊串流。

不過，在各種變化當中，也有些是完全沒有在市場掀起話題，但對企業業績必然帶來了正面影響的案例。

當年金融海嘯爆發時，日本全國各地正在推動高速公路和相連的快速道路闢建。而包括地方城市在內的各地區，也因為這些大型公共建設，而在人流上出現了很大的變化，但股市對此卻像是漠不關心似的。在這一波變化當中，餐飲、零售業的勢力版圖重新洗牌，有潛力的新興企業接連躍上檯面，但它們的股價仍持續低迷。於是我聚焦在這個變化上，買進零售、餐飲相關個股，賺到了一次又一次的大豐收。

像道路闢建這種對企業收益影響甚鉅的活動，因為太司空見慣，也需要花很多時間蘊釀變化，所以股市不會出現太大的反應——畢竟對於尋求戲劇性的人們來說，這些事都太乏味。然而，枯燥無趣卻踏實的變化，才是VE投資要尋求的重要變化。

(4)市場過度放大暫時性的業績惡化

許多成長中的企業，對產品或服務的供給，會趕不上潛在的需求。因此，這些企業會急忙建置銷售網絡或生產設備。於此同時，企業也需要投入廣告宣傳費確保人力等先期成本。結果公司業績順利成長，但獲利卻因為這些先期成本的膨脹而惡化的案例，時有所聞。

然而，我們不能因為這樣，就認定企業的內在價值也沒有成長，其實應該是正好相反。隔年開始，這些先期成本就會降低，營業額反而還會更成長，於是企業獲利將大幅增加，讓各位投資人樂開懷。如果各位手中持有這樣的股票，千萬不要在大跌時，犯下失望賣出的錯誤；如果尚未持有這檔個股，大跌時反而是進場的好時機。

換言之，所謂的業績惡化，其實也有分好的業績惡化，和壞的業績惡化。要找出這種隱形成長股，唯有用由下而上分析法，仔細地去尋找。而**尋找的訣竅，是除了比較「以淨利為基礎的ＥＰＳ」和「股價」之外，還要比較「股價」和「營收的變化」**。這些比較頗為專業，且需精通財務會計和商業模式。不過，請各位在市場行情趨於成熟，很難找到優質個股時，再想起有這一套手法即可。

(5)出現操弄股價式的扭曲

當一檔業績暢旺，前景也一片樂觀，股價卻持續低迷時，有時背後就會有賣空或持續加碼的動作若隱若現。就算是在高價成功操作賣空，股價跌下來之後，這些股市禿鷹要獲利了結，還要有足夠的賣盤出籠，才能完成反向交易，回填融券。因此，可以想見有人會利用AI或演算法，以超快速度完成上述這一連串的操作。另外，當極具發展性的個股股價低迷時，資金充裕的投資人也可能用同樣的手法壓低股價，以便積極加碼持股。

在此還是要提醒各位，操弄股價是違法行為。不過，就前例來看，操弄股價和一般交易的界線實在太模糊，即使是常態性觀測市場交易的證券交易監督委員會（Securities and Exchange Surveillance Commission）[12]，要分辨出交易究竟是在刻意操弄股價，還是正常交

12 功能類似我國的金融監督管理委員會證期局。

易，難度應該也相當高。

尤其是當個股交易一再出現經ＡＩ或演算法計算的極高速買賣，就會讓人搞不清楚狀況。慢慢操作會被逮，迅速操作就不會被抓——這樣恐怕會造成法律秩序的全面瓦解，畢竟現今市場的確有可能發生這些脫序亂象。或許在不遠的將來，就會有分析工具等利器問世，強化金融監管，但現階段看來是處於無法可管的狀態。

以往，日本股市也曾有過一段放任操弄股價亂象的時期，股價變化的劇烈程度，令人瞠目結舌。但畢竟當年那些操弄股價的舉動，操作得也很悠哉，所以那些連我都看不下去的交易，如今已從市場銷聲匿跡。

說穿了，其實這些可疑的操作，長期下來會使得業績和股價趨勢背離的現象越發鮮明，而這就是我們要鎖定的目標。那些靠龐大資金、快速交易來刻意壓低股價的舉動，對炒短線的投機客來說，想必

是恨之入骨；但對於投資時間軸以三到五年為單位的長線投資人而言，卻是求之不得——因為投資人只要搭上他們努力操弄的便車，認真加碼買進即可。而再怎麼死纏爛打的股價操弄，也不至於會持續個三年五載。

⑹過了頭的股價趨勢

我們再來看一個忽視業績的操作觀念：那就是要利用動能投資基本概念當中的錯誤觀點——「趨勢一旦形成，就會持續下去」。

大多數動能投資人都會運用技術分析和線型，一方面指責股價在心理層面上超漲或超跌，一方面卻又緊跟上漲或下跌趨勢。一家企業的成長或低迷，的確會造成長期的趨勢，所以這些投資人追隨股價趨勢投資的想法，確實也有它的道理。

然而，股價的上漲或下跌趨勢，通常都會比業績變化來得更劇烈。因此，這些投資人不慌不忙地追隨股價趨勢的結果，不管買進價位是偏高或偏低，有時能促使業績和股價之間的背離，發展到難以想像的地步。即使公司業績已朝反彈方向發展，有時動能投資人還是會只以「這檔個股處於跌勢」為由，讓股價繼續跌下去。

同樣的，持平趨勢也會延續許久。即使公司明明業績暢旺，他們還是會只以「這檔個股處於持平盤整趨勢」為由，一再交易買賣，以拉住準備上攻的漲勢。

在VE投資法的論述當中，這種情況可說是絕佳的投資良機。既然是用跌過頭或持平的趨勢搭配業績的改善，換言之，只要鎖定「❷EPS↑股價↓」「❸EPS↑、股價→」的個股即可。

(7)流動性風險拉低股價

投資股票充滿了各式風險。通常我們可以把這些風險，概略區分為價格變動風險（股價下跌造成虧損）和信用風險（持股公司倒閉的風險）。然而，還有一種是所謂的「流動性風險」，也就是想賣時賣不掉的風險存在。很多投資人都會因此而調降對個股的評價。

流動性風險和前兩者之間的差異，在於前者是與經營管理毫不相關的風險，後者則是因企業的經營管理不當而起。一家企業經營得再怎麼有聲有色，股票成交量太低，投資人想賣的時候賣不掉，個股的風險就偏高；既然風險高，就應該給予較低的評價——這就是流動性風險的概念。

而這種風險，並不會發生在日本最具代表性的那些大企業上，但在小型股卻是一個很鮮明的問題。可是，已經成長到一定規模的大型權值股，多已缺乏成長空間；**在前景可期的小型股當中，才能找得到**

一些蘊藏發展性的個股。而這些發展性，都是投資大型股所無法想像的。換句話說，對於重視個股發展性的VE投資人而言，流動性風險帶來了一個不可多得的秩序——那就是擱置那些價位偏高，難以列入投資選項的大型股，而以偏低的價位，買到他們鎖定的小型股。

在各位資金不多時，流動性風險尚不致於造成太大的問題，請各位放心投資小型股。等到各位獲利豐厚，資金充裕時，就可以刻意鎖定有流動性風險的個股來操作。它們在買賣交易上，的確需要一點技巧，但讀過前幾章的說明之後，想必各位對小型股的特色，已經有了相當程度的了解。就我個人的經驗而言，投資金額不超過一億日圓之前，將資金分散投入五到十檔個股上，流動性應不致於造成太大風險。

當投資金額超過一億日圓時，即使將資金分散投入五到十檔個股，平均每檔個股的投資部位還是多達數千萬日圓。如此一來，總市值三十億日圓左右的小型股，操作起來就會比較辛苦，各位說不定還有機會成為大股東，名字被刊登在公司四季報上。到時候，不管股價是漲是跌，各位就只能和這家公司同舟一命了。

不過這些就等各位成了有錢人再來煩惱，都還來得及。

以上為各位說明了七種型態。除此之外，若再更深入觀察個股，想必還能發現更多有趣的現象，例如當年索尼慘澹經營時，市場上對它的嚴重偏見，或是威爾集團那樣，在掛牌之初就碰上了供需失衡和資訊不足，還有股東優惠所造成的股價扭曲等。

在VE投資法當中，我們切入的觀點，是「市場出錯」，而不是「市場正確」。

圖表6-1　價值原理：從「市場出錯」的觀點切入

⑴個股股價會相互連動，但公司業績並不會彼此連動
→無視個股差異的投資人一舉賣出持股，所形成的「尖銳深谷」，是進場良機。

⑵內在價值與熱門程度不符
→若短線投機客在市場上引發超跌的短期變動，就可從中找出內在價值和股價的背離。

⑶市場過度放大或完全忽視變化
→市場準備了太過戲劇化的劇本，但枯燥無趣卻踏實的變化，才是VE投資要尋求的重要變化。

⑷市場過度放大暫時性的業績惡化
→所謂的「業績惡化」，其實也有分好的業績惡化，和壞的業績惡化。

⑸出現操弄股價式的扭曲
→再怎麼死纏爛打的股價操弄，也不至於會持續個三年五載。

⑹過了頭的股價趨勢
→「跌勢」、「持平」等趨勢，有時會讓業績和股價之間的背離，發展到難以想像的地步，發展成VE投資的進場機會。

⑺流動性風險拉低股價
→刻意鎖定有流動性風險的個股來操作

第七章

成為一個受因緣際會眷顧的人

投資股票就像採菇

大學時期，曾有一位對菇類知之甚詳的畢業學長，帶著我們一行約十人去採菇。我們抱著去野餐的心態，一路上吵吵鬧鬧、嘰哩呱啦地到了山裡，但剛開始的一小時，大家都沒什麼像樣的收穫。我對菇類完全外行，只能把找到的菇拿去請學長確認，但得到的都是「這種菇不能吃」之類的悲慘答案。

「菇到底都長在哪裡啊？」就算找到了菇類，我們連「哪些是美味的野菇，哪些是毒菇」都不知道，唯一可以仰賴的，就是那位已經畢業的學長。我心中興起了「今天應該沒指望了吧……」的念頭。

儘管如此，我們還是在山裡繞了將近兩個小時。後來，學弟終於成功找到了美味的菇類。「哇！原來這種可以吃啊。」我們心裡這麼想著，一邊再試著到處找了一下，便接二連三地找到食用菇類。「找到了！」「這裡好多！」四周響起了此起彼落的歡呼聲。

明明剛才還覺得那麼困難，沒想到我們竟發現那一帶有同品種的菇類大量群生，還像是掌握到了什麼要訣似的，接連找到越來越多不同品種的菇類。最後，我們帶著野菇滿載而歸。那天晚上，我們一行人煮起了野菇火鍋，把酒言歡，成了一段難忘的愉快回憶。

投資股票，其實就像採菇。

①除非下定決心去採，否則永遠拿不到野菇。

②要具備精準的挑選眼光，才能分辨出美味野菇和毒菇的差異。

③包括天時、地利在內的幾個條件都要齊備，野菇才會生長。

④即使四周真的有野菇生長，但只要找的方式不對，我們就會徒勞無功。

若把以上四項心法套用到股票投資領域，就會變成：

①除非下定決心投資股票，否則永遠不會發大財。

②要培養精準的選股眼光，才能找到潛力股。

③要有好幾項條件同時齊備，才會出現大飆股。

④除非平時就有意識地觀察，否則即使大飆股真的出現在眼前，我們還是會錯過。

截至目前為止，我幾乎每年都會找到翻漲兩、三倍的大飆股。不過，這樣的頻率並不高。平常即使能找到自己認定「就是這一檔！」的股價偏低成長股，每年頂多就是一、兩次。就算我祭出「由下而上分析法」，仔細調查好幾檔個股，也不過如此。

不過，這是我用個人觀點調查的結果，並不代表市場上沒有其他大飆股，是我沒留意滿山遍野的大飆股，錯失了投資良機。

各位也**不需要把山上所有的野菇都採進簍子裡。只要用自己的觀點，在能力所及的範圍內搜尋查找，採到足夠在當天晚上把酒言歡用的野菇就好。以「挑選五到十檔個股，長抱三到五年」為前提，其實綽綽有餘。**

而金融海嘯、新冠疫情等大盤暴跌局面，堪稱是美味野菇傾巢而出的時期。我們可以用驚人的低價，買到那些平時貴得讓人只敢遠觀的潛力股。多加這個舉動，或許會稍微忙碌一點，但各位不妨用「由上而下分析法」，從眾多潛力股當中，篩選出能掌握下一波變化的成長股，再大膽地加碼買進——因為我們要在一片悲觀論調當中，竭盡所能地動員所有的邏輯、經驗和直覺，奮力一搏。我個人就是透過這樣的反覆操作，很幸運地累積了財富。

努力讓偶然同時發生

那些在股海成功致富的投資人，有人說自己「只是幾個偶然碰巧同時發生罷了」。我覺得這句話說得很有道理。我也是「幾個偶然碰巧同時發生」的其中一人。不過，我認為我做足了努力，這些偶然才會同時發生。

如果我連證券帳戶都沒開，這份偶然絕不會來找上我；如果我對個股有沒有「漲」相一無所知，那麼就算潛力股擺在我面前，我也看不懂箇中端倪。

如果我沒有以「說不定投資機會就在身邊？」為前提，豎起天線感受周遭的變化，整天渾渾噩噩地過日子，那麼即使美妙的偶然降臨，我恐怕根本察覺不到它究竟是不是美妙的偶然，就錯過了這個機緣。

這種偶然的好運，或是得到偶然好運的的力量，我們稱之為「因緣際會」（serendipity）。我的確也像稻草富翁一樣，很受因緣際會的眷顧。想必這一定是個偶然，但其實也有些必然的成分——而偶然與必然之間的界線，恐怕是相當模糊吧！

【迎接幸運女神的七大重點】

首先，開始著手準備迎接因緣際會，至關重要。換句話說，就是要開個帳戶，開始找尋成長股。不跨出開始的第一步，幸運女神永遠都不會對我們微笑。

(1)總之先開始投資股票

總之先開始投資股票——這是讓因緣際會發生的第一個重點。遇上優質好股，各位應該就能當個有錢人；碰上劣質爛股，各位應該就能學會一些投資理財的要訣。如果各位是在社會上從事商業活動的上班族，那麼即使因緣不具足，還是能增長各位在會計、投資和商業模式等方面的活知識，說不定「因緣際會」就會因此而在工作上發生。日本人應該要更加意識到那些因為投資股票所帶來的諸多正面效益，別只看見「或許會虧錢」這個負面選項。

好運某天就會突然上門。就算各位在讀過這本書之後，立刻發奮圖強，矢志要「找出股價偏低的成長股！」還是**很難從一開始就相中大飆股。這和我剛開始採野菇時是一樣的。一開始就當作練習，投資金額少也無妨，總之先累積經驗最重要。在累積一些小成功、小失敗的同時，再一步步地去熟悉股市這些令人摸不著頭緒的變動。**

「股市短期看來是投票機，長期來看則是體重機」指的是什麼意思？明明是要靠低買高賣來獲利，為什麼會有人要反著操作？只要實際投入股市，馬上就能對這些問題有更切身的了解。

我們就要像這樣，一步步地打點出迎接「因緣際會」到來的體系。只要持續做好這項努力，驀然回首時，或許會發現「因緣際會」就在眼前。

(2)培養洞察力，察覺那些因為太切身相關而令人忽略的變化

圖表7－1是美國蘋果公司的長期股價走勢圖。各位是在哪一個時期購買iPhone的？當年是否有感覺到這項產品將改變整個時代呢？

各位既然是商務人士，想必是持續關注著業界裡的變化。在這當中，難道沒有一、兩家企業，是在近十年來打破業界遊戲規則，提供新價值，進而快速成長的嗎？當年那家讓人恨得牙癢癢的競爭者，連在公司裡都引起話題討論。要是有想到買它的股票，是不是早就已經出現「因緣際會」了呢？

第二個重點就在這裡——洞察力，用來察覺那些因為太切身相關而令人忽略的變化。只要能具備這種能力，應該就能大幅提高「因緣際會」的發生機率。而要提升這份洞察力，就要養成「用工作或生活上的變化，連結到投資」的習慣。

「咦？推出新商品了。這個商品說不定會暢銷」、「對了，你知道嗎？這個應用程式很有意思喔」、「最近常露面的那位A公司的B總經理真麻煩，老是在破壞業界秩序。我得想個辦法處理才行……」、「只要使用這項服務，就能用以往一半的水準，獲得兩倍的好處！」身旁諸如此類、看似平凡的資訊，正是VE投資當中所謂的特殊資訊。

這些努力，恐怕也看不到立竿見影的成果。說不定在各位動手查詢時，早就為時太晚，股價已經大漲不少；或是那家企業根本就還沒有掛牌上市。然而，這些狀況都會持續一段時間。

倘若個股是真正的飆股，那麼即使已經大漲不少，股價還是會再繼續走揚，也就是「❹EPS↑↑、股價↑」的狀態。要是各位看上的企業還沒有掛牌上市，那麼或許還有其他上市公司在辦理同樣的業務。目標個股的周遭，也都還有機會。

圖表7-1　蘋果公司的股價推移

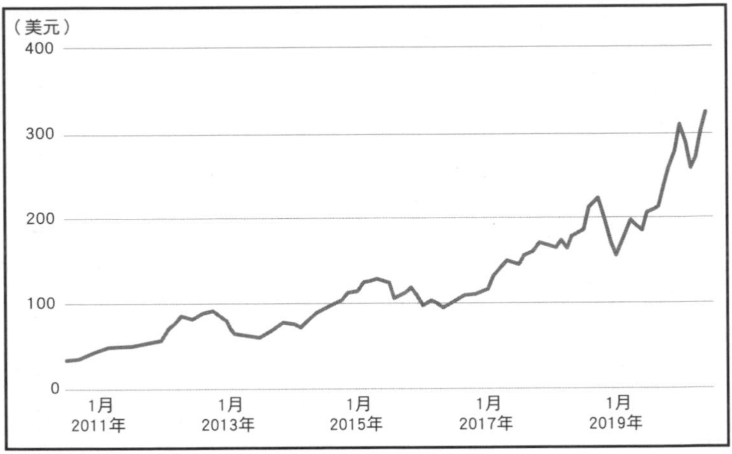

各位第一次購買iPhone時，是否有感覺到這項產品將改變整個時代呢？在各位所任職的企業，難道沒有一、兩家企業，是在近十年來打破業界遊戲規則，提供新價值，進而快速成長的嗎？當年那家讓人恨得牙癢癢的競爭者，連在公司裡都引起話題討論。要是有想到買它的股票，是不是早就已經出現「因緣際會」了呢？

洞察力，用來察覺那些因為太切身相關而令人忽略的變化。只要能具備這種能力，應該就能大幅提高「因緣際會」的發生機率。而要提升這份洞察力，就要養成「用工作或生活上的變化，連結到投資」的習慣。

仔細調查細微變化的這份努力，至關重要。「因緣際會」就會在這些努力的過程中，從令人意想不到的其他角度對我們微笑，讓我們感覺到「咦？莫非就是這家公司？」

(3)拋開莫名其妙的習慣

第三個重點，是要拋開一些莫名其妙的習慣。想必各位除了這本書之外，一定還讀過各式各樣的股市書籍，或是很用功地在網路上學習了一些投資竅門之類的知識。然而，這當中其實有一個很大的陷阱——事實上，**投資方法不同，該觀察的重點和策略也大不相同，擅加融合將引發嚴重的混亂。**

舉例來說，短線炒作的專業要訣，在長期投資當中完全派不上用場，甚至還會帶來危害。在短線炒作的領域當中，投資人都會被灌輸一個停損觀念，那就是跌一〇%時，不論有任何理由，都應該立刻停損。

可是，從蘋果公司的走勢圖當中，我們可以看出：倘若從高點開始，每跌掉一〇%就賣出，那麼這檔股票究竟要賣出多少次？想必很多短線投機客會提出反駁，說：「不會的，下跌一〇%之後賣出，等到股價觸底再買回即可」，可是很多時候，那個「下跌一〇%」的時間點，正是該檔個股的觸底價位。越是優質好股，市場上越是會出現一些令人匪夷所思的動作，例如有人設法逼我們一再停損，或讓我們賣出手中的寶貴持股等。

其實不只停損，不同流派對於成交量的評價，更是完全相反。我們這些長期投資派，喜歡成交量少的冷門股——就因為它們冷門，所以才能低價買進。然而，短線投機客對這樣的個股根本不屑一顧——因為成交量不到一定水準，根本達不到讓他們進場一搏的前提條件。

除此之外，像是操作上所需要的能力，還有應觀察的重點等，南轅北轍的程度令人咋舌。既然觀點南轅北轍，投資人在操作長期投資時，卻還留有短線炒作時的習慣，投資當然不會順利；相反地，把長期投資的習慣帶到短線炒作上，也是造成投資失利的原因之一。希望請各位先要有這樣的觀念。

同樣的，指數投資法和個股投資之間，並不是同屬長期投資，就可適用相同的戰法，因此也不能一視同仁。

如果各位要操作VE投資，希望各位能遵守第四章說明過的VE投資五大原則。這些原則，當然可依投資人的資金充裕程度和立場（投資是專職或副業，是專家或外行），而在投資的個股數量或投資期間等方面稍作變化應用。然而，希望各位不要把這一套投資操作，套用在基本策略截然不同的其他投資方法上。把事情想得太過複雜，會讓我們離「因緣際會」越來越遠。

⑷自己動腦思考

第四個重點，是要懂得自己動腦思考。它可說是許多價值投資人教我的一大重點。

在這個資訊廣泛、流通分享的時代裡，我並不是要各位千萬別去參考別的的意見。畢竟在社群媒體、投資理財網站和股票雜誌等平台上，的確很有可能獲得令人意想不到的有益資訊。

不過，這些都只是消息來源之一，各位必須懂得避免把所有資金都押注在這些資訊上。學著為消息找證據，再依ＶＥ投資一覽表的內容，重新研擬個人的投資情境，並與其他個股做比較。倘若經過這些檢驗後，各位仍能做出「買進」的判斷，那就請進場買股。至於在社群網站看了一些市場傳聞耳語，就一股作氣地直接用手機下單買股，這種神速效率其實大可不必。很多投資人都是因為這樣而在股海裡翻船。

或許盲目聽信網路消息買股，碰巧讓各位成功了一、兩次，但用這種投資方法，總有一天會吃大虧，就像是在追求因緣際會的同時，又更拚命地召喚霉運似的。追根究底，要在股市裡只走好運、遠離霉運的唯一方法，就是不斷地充實自己。

⑸用閒置資金來投資

第五個重點，是要用閒置資金來投資。

說到召喚霉運，最令人擔心的，莫過於投資資金的來源。拿小孩一年後要用的學費來炒股，這種行為最不得因緣際會的垂青。就算各位找到的個股再怎麼出類拔萃，還是很有可能因為大盤行情的拖累，而連續走跌一整年。也正因為股市裡有如此奇特的現象存在，VE投資法才能成立。各位在將資金投入股市時，必須遵循這個大前提。

同樣的，信用交易（質押現股，向券商借錢來投資）基本上還是能免則免。畢竟持續融資個三、五年下來，利息也不是一筆小數目；還要隨時預期萬一碰上最糟的狀況時，股價甚至還可能腰斬——不論是再怎麼有潛力的個股都一樣。要是當初各位就透過信用交易的方式，以手頭資金兩倍的額度進場投資，那麼在股市因為疫情爆發而連番重挫的三月時，各位應該早就玩完了吧。

用閒置資金來買股——這可說是投資股市的大前提。我們投資股市的額度，應控制在「即使我們預設的最壞情況成真，也不致於對長期生活水準造成影響」的範疇。

(6)懷抱宏觀的視野

第六個重點，是要懷抱宏觀的視野。

「因緣際會」不會找上那些急著轉虧為盈的人，因為它有一個相反詞，就是「宿命」（zemblanity），意指只能發現既定事物的能力。當我們一心急，視野就會變得很狹窄，讓我們在失敗中一再重蹈覆轍。如果在股市裡走上了這條路，身家財產轉眼間就會化為烏有。假如一次投資失利虧損三〇%，重複虧損三次之後，財產就會縮水到三分之一。

很多散戶會因為一次的成功經驗，而想如法炮製相同模式，期望能就此賺大錢。這樣的做法，會引發「宿命」。說穿了，可如法炮製相同模式的機會，畢竟是可遇不可求。以股市為例，乍看之下相同的兩個機會，絕不可能百分之百完全相同。有時候，一點細微的差異，就可能讓股價往截然不同的方向發展。

要促成「因緣際會」發生，就要努力增加更多不同的成功模式。就我個人的經驗而言，我不擅長操作科技類股和資通訊股，總是稍微鑽研一下就覺得摸不著頭緒，是我身為文組人的悲哀。因此，以往我都只操作零售通路、餐飲和客戶服務等較簡單易懂的個股。

然而，在現今社會當中，如果一直迴避網路、ＡＩ等類股，恐怕真的會錯失許多投資良機。因此我下定決心，逐步少量買進資訊科技類股，一邊試著去了解這些企業的特色。起初的確掌握不到訣竅，但後來我在這個領域投資COMTURE（賺三倍）、索尼（賺兩倍）、ＪＢＣＣ控股（賺二．五倍）、ＭＣＪ（截至二〇二〇年六月十九日，獲利約為一．四倍）等，也逐漸有所斬獲。在現今這個瞬息萬變的時代下，有意識地努力開拓視野，可說是相當重要的工作。這樣說或許是事後諸葛，但也因為我成功地跳脫了既往的零售通路和餐飲類股，在新冠病毒疫情下，受創才得以控制在相當輕微的程度。

(7)遵守做人的道理

最後是要遵守做人的道理。

當年發生三・一一東日本大地震時，我有朋友預測市場將會對日本的未來感到悲觀，進而大舉拋售日圓。於是他用了很大的槓桿，大賣日圓、買美元。孰料市場未如他所預期，日圓在一夕之間展現驚人漲勢。早上起床打開電腦一看，長年來靠投資一點一滴累積的財富，竟全都化為了烏有。

當時我也因為股市重挫，而在帳上出現了相當高額的未實現虧損。但我並沒有因此而賣股，當然也沒有賣空。海嘯帶走了那麼多同胞的家園和家人，大家都在看不到明天的狀態下掙扎煎熬之際，我從沒想過要趁亂在股市中大撈一筆。

我們不僅是股市投資人，更是有血有淚的血肉之軀。一心只想著發大財，連做人的道理都忘記的話，好運是不會來敲門的。

同樣的，這次在新冠疫情肆虐下，我也聽說很多投資人見獵心喜，大舉賣空，沒想到行情反彈，反而賠了大錢。這是人類該有的心態嗎？當全世界都在奮力對抗疫情之際，投資人竟向病毒陣營靠攏，想把全球的不幸化為自己的財富，結果最後還以慘賠收場。天下還有更比這樣更難堪的投資嗎？

我認為感恩之心非常重要。很多人在股市獲利之後，往往會認為那是自己的功勞。然而，以長期投資而言，其實是經營團隊和員工的努力不懈，為我們投資人帶來了獲利。他們為了處理客訴而鞠躬低頭，在第一線辛苦地工作，不放過任何一點努力，只為了帶給顧客更多滿意。這些努力的結果，最後化為上漲的股價，回饋給股東。當有人為了幫助我們而辛苦奔走時，我們要致上由衷的謝意，這是極為理所當然的反應，是連小朋友都明白的做人之道。

在長期投資當中，正向思考是很重要的態度。滿腦子負面思考的人，持股很難長抱三年五載。社會上一發生大事，這些人就會因為承受不了憂心和恐懼而賣股，等事後回想起來，才覺得「要是我沒賣掉那些股票，現在就是有錢人了……」而推動人類正向思考的，是加油打氣、感謝感恩等善念。

在股票市場當中，各位都要懷抱「評價者」的眼光；而股東所扮演的角色，則是要在成績單上打分數。投資大眾要對企業做出正確的評價，股市才能更有效率地運作。至於VE投資法，則可說是一套幫助我們學會如何為企業做出正確評價的工具。可是，所有的獲利回饋，都是來自於我們投資的這些標的企業所做的努力。投資股市要能成功獲利，除了各位自己的努力之外，更多時候是因為企業努力所帶來的成果——我們絕不能忘記這個事實。

日前，我和某位知名小學的老師閒聊。言談間他不經意地說出了一段話，我覺得和股東的角色頗有相似之處：

「一直以來，我都在努力讓孩子們健康活潑、充滿活力。然而，這次因為疫情升溫，孩子們不再到校上學之後，我才明白，原來孩子才是我們這些老師的活力來源……」

圖表7-2　迎接因緣際會的七大重點

⑴總之先開始投資股票
⑵培養洞察力，察覺那些因為太切身相關而令人忽略的變化
⑶拋開莫名其妙的習慣
⑷自己動腦思考
⑸用閒置資金來投資
⑹懷抱宏觀的視野
⑺遵守做人的道理

後記

二〇二〇年六月，東京地區已經解除了緊急事態宣言，社會也慢慢地開始找回日常的節奏。東亞及歐洲等地，看似逐漸控制住了疫情，但各國新增的確診人數，卻遲遲無法清零，更讓人明白這場對抗病毒的戰疫，將會是一場相當漫長的長期抗戰。如今巴西與印度的確診人數激增，全球的新增確診人數也處於持續上升的局面。日本國內的GDP和企業收益大減，想必未來會有越來越多企業無法繼續生存。當前日本所面臨的狀況，堪稱是戰後最嚴重的經濟危機。

然而，股市在這三個月以來，竟上演了一齣大漲的戲碼。

日經平均股價指數從三月十九日在一萬六千三百五十八點觸底後，竟一反各界預期，開始回升反彈。截至六月十九日時，股價已來到兩萬兩千四百七十八點，大漲了三七・四%，恢復到與一年前——

那個各地充滿了外國觀光客，人人都對二〇二〇年東京將舉辦奧運一事深信不疑的時期相近的水準。

在撰寫這本書的過程中，我手中的持股股價也不斷攀升。三月中旬時，我在證券帳戶裡的資產，平均比去年年底大幅縮水了三〇％；但從那之後，又在三個月內回升了六七％，如今已比去年年底增加了一七％。看來這次ＶＥ投資也成功地征服了股海。

我在二〇〇八年七月一日時，開設了寫部落格用的證券帳戶。當時是以一百萬日圓開始進場，全都以ＶＥ投資法操作，並將內容公開在部落格上。其實很多理財部落客也會公開自己全部身家的資產運用績效，但我考量到公開鉅額資金的進出狀況供人檢視，讓部落格充斥著「今天賺了三百萬」、「昨天虧了一千萬，真可惜」之類的內容，會讓讀者關注的焦點偏向金額增減，反而無法學到重要的投資手法，才做了這樣的安排（當投資部位達到數億日圓的規模時，每天的資產金額變動，大概就會是這樣的水準）。

只要稍微省吃儉用，人人都能拿得出一百萬日圓的資金。而我想用行動證明：用這樣的資金起步，也能成功致富。

之後過了十二年，到了二〇二〇年六月十九日時，這個帳戶裡的資金已逾一七六〇萬，算起來是平均年化報酬率二七％的股市常勝軍。

年投報率二七％，就相當於是每三年資產就翻倍的概念（投資股票時，政府會針對獲利部分課徵約二〇％的稅金。假設每檔個股平均持有三年，那麼實際股價每年平均要漲逾三〇％才行）。這樣的水準，和第四章介紹的那位改買了二手車，拿多餘資金去做VE投資，花二十多年賺到一億的爸爸差不多。或許還需要再花一些時間蘊釀，但我想證明從一百萬日圓開始起步，要滾出一億圓的金融資產，絕不是癡人說夢。

回顧過去這十二年，的確發生了很多事。二〇〇八年的金融海嘯、二〇一一年的三・一一東日本大地震、二〇一五年的中國股災、二〇一八年的美中貿易戰，以及二〇二〇年的新冠病毒全球大流行。除此之外，還經歷了許多當下很難一一回想起來的各種大小急殺、重挫。

股價急跌總會讓人大感震驚，但急跌後的強彈，更讓人大感詫異。最慘的劇本，就是被股價急跌嚇壞，在低點時賣掉了自己千挑萬選出來的最佳個股，後來在行情反彈時，只能咬著手指望股興嘆；而最讓投資人開心的，莫過於在開始下跌前就先出清持股，等股價觸底再買回持股，淨賺整個上漲波段的價差——建議各位最好還是別抱著「這種出神入化的操作，我也辦得到」的心態。

就我個人而言，我會用ＶＥ投資法，來比較已下跌的持股和其他潛力股，若判斷值得換手操作，便會毫不猶豫地改換持股。就這樣在賣股的同時，也買進其他個股，並反覆操作。我雖甘於接受大盤行情漲跌對個股的影響，但更專注於打造出一個讓自己更能接受的投資組合。

想必很多人都可以在獲利時賣出持股，改投資其他上漲有望的個股，但在心態上卻很抗拒賣出那些因為股價下跌，而帶有未實現虧損的持股，不願把資金轉投其他更有「漲」相的個股。

然而，在ＶＥ投資當中，各位的「買進價格」這個事實，並不是買賣持股的判斷基準。投資人應該只以「相較於企業的內在價值，當前的股價是否偏低」，以及「企業的前景是否樂觀，能否帶動內在價值成長」這兩點，來作為判斷買賣與否的準據。

股市的大暴跌，其實是趨勢變化的前兆。在崩盤前後，必定會有新的成長企業如雨後春筍般出現，並改變整個時代。走在變化前端的小型成長股，和賭上公司未來發展，挑戰新局的業績回升股，最有機會成為眾人評價時的漏網之魚。這些個股因為刻板印象或誤解，股價處於出奇的低價水準，等著各位的買單進場。倘若找到了這樣的個股，請各位只要加碼買進就對了。

VE投資是把一套簡單的概念運用在實務上的投資手法。只要實際操作幾年，有過兩、三次成功經驗後，各位應該都能掌握箇中訣竅。接下來就只要持續審慎地操作即可。期盼本書能成為一個契機，讓「因緣際會」接連降臨在各位身上，在二十一世紀催生出更多稻草富翁。

二〇二〇年六月

奧山月仁

新商業周刊叢書　BW0783

每個人都能大賺30%
股價跳水照樣穩定獲利的「價值工程投資法」

國家圖書館出版品預行編目(CIP)資料

個人都能大賺30%：股價跳水照樣穩定獲利的「價值工程投資法」/奧山月仁著；張嘉芬譯. -- 初版. -- 臺北市：商周出版：英屬蓋曼群島商家庭傳媒股份有限公司城邦分公司發行, 2021.10
面；　公分
譯自："普通の人"でも株で1億円!エナフン流VE(バリューエンジニアリング)投資法
ISBN 978-626-7012-78-9(平裝)

1.股票投資 2.投資技術 3.投資分析

563.53　　110014115

原文書名／"普通の人"でも株で1億円! エナフン流VE(バリューエンジニアリング)投資法
作　　者／奥山月仁
譯　　者／張嘉芬
責任編輯／劉　芸
版　　權／黃淑敏、吳亭儀、江欣瑜
行銷業務／周佑潔、林秀津、黃崇華、劉治良

總　編　輯／陳美靜
總　經　理／彭之琬
事業群總經理／黃淑貞
發　行　人／何飛鵬
法律顧問／台英國際商務法律事務所 羅明通律師
出　　版／商周出版　台北市中山區民生東路二段141號9樓
電話：(02)2500-7008　傳真：(02)2500-7759
E-mail：bwp.service@cite.com.tw
發　　行／英屬蓋曼群島商家庭傳媒股份有限公司 城邦分公司
台北市104民生東路二段141號2樓
讀者服務專線：0800-020-299 24小時傳真服務：(02) 2517-0999
讀者服務信箱E-mail: cs@cite.com.tw
劃撥帳號：19833503 戶名：英屬蓋曼群島商家庭傳媒股份有限公司城邦分公司
訂購服務／書虫股份有限公司客服專線：(02) 2500-7718；2500-7719
服務時間：週一至週五上午09:30-12:00；下午13:30-17:00
24小時傳真專線：(02) 2500-1990；2500-1991
劃撥帳號：19863813 戶名：書虫股份有限公司
E-mail: service@readingclub.com.tw
香港發行所／城邦(香港)出版集團有限公司
香港灣仔駱克道193號東超商業中心1樓
電話：(825)2508-6231　傳真：(852)2578-9337
E-mail：hkcite@biznetvigator.com
馬新發行所／城邦(馬新)出版集團
Cite (M) Sdn Bhd
41, Jalan Radin Anum, Bandar Baru Sri Petaling, 57000 Kuala Lumpur, Malaysia.
電話：(603) 9057-8822 傳真：(603) 9057-6622 E-mail: cite@cite.com.my

封面設計／黃宏穎　　內頁設計排版／劉依婷　　印刷／韋懋實業有限公司
經銷商／聯合發行股份有限公司　電話：(02)2917-8022　傳真：(02) 2911-0053
地址：新北市231新店區寶橋路235巷6弄6號2樓
ISBN：9786267012789 (平裝)
ISBN：9786267012796 (EPUB)
定價／370元　

城邦讀書花園
www.cite.com.tw

2021年10月12日初版1刷

廣	告	回	函
北區郵政管理登記證			
台北廣字第000791號			
郵資已付，免貼郵票			

104台北市民生東路二段141號2樓

英屬蓋曼群島商家庭傳媒股份有限公司
城邦分公司　收

請沿虛線對摺，謝謝！

書號：BW0783	書名：每個人都能大賺30%	編碼：

請於此處用膠水黏貼

商周出版

讀者回函卡

感謝您購買我們出版的書籍！請費心填寫此回函卡，我們將不定期寄上城邦集團最新的出版訊息。

不定期好禮相贈！
立即加入：商周出版
Facebook 粉絲團

姓名：______________________________ 性別：□男 □女

生日：西元__________年__________月__________日

地址：______________________________

聯絡電話：______________ 傳真：______________

E-mail：

學歷：□ 1. 小學 □ 2. 國中 □ 3. 高中 □ 4. 大學 □ 5. 研究所以上

職業：□ 1. 學生 □ 2. 軍公教 □ 3. 服務 □ 4. 金融 □ 5. 製造 □ 6. 資訊

□ 7. 傳播 □ 8. 自由業 □ 9. 農漁牧 □ 10. 家管 □ 11. 退休

□ 12. 其他______________________________

您從何種方式得知本書消息？

□ 1. 書店 □ 2. 網路 □ 3. 報紙 □ 4. 雜誌 □ 5. 廣播 □ 6. 電視

□ 7. 親友推薦 □ 8. 其他______________________________

您通常以何種方式購書？

□ 1. 書店 □ 2. 網路 □ 3. 傳真訂購 □ 4. 郵局劃撥 □ 5. 其他______

您喜歡閱讀那些類別的書籍？

□ 1. 財經商業 □ 2. 自然科學 □ 3. 歷史 □ 4. 法律 □ 5. 文學

□ 6. 休閒旅遊 □ 7. 小說 □ 8. 人物傳記 □ 9. 生活、勵志 □ 10. 其他

對我們的建議：______________________________

____

____

請於此處用膠水黏貼